9 ERROS CRÍTICOS QUE TODO CASAL COMETE

CB131409

9 ERROS CRÍTICOS QUE TODO CASAL COMETE

Identifique as Armadilhas e Descubra a Ajuda de Deus

Dr. David Hawkins

3ª Impressão

Traduzido por Diogo Matias

CPAD

Rio de Janeiro
2010

Todos os direitos reservados. Copyright © 2008 para a língua portuguesa da Casa Publicadora das Assembléias de Deus. Aprovado pelo Conselho de Doutrina.

Título do original em inglês: *9 Critical Mistakes Most Couples Make*
Harvest House Publishers, Eugene, Oregon, EUA
Primeira edição em inglês: 2005
Tradução: Diogo Matias
Preparação dos originais: Gleyce Duque
Revisão: Elaine Arsenio
Capa: André Silva
Projeto gráfico e editoração: Alexandre Soares

CDD: 243 - Família
ISBN: 978-85-263-0959-3

As citações bíblicas foram extraídas da versão Almeida Revista e Corrigida, edição de 1995, da Sociedade Bíblica do Brasil, salvo indicação em contrário.

Para maiores informações sobre livros, revistas, periódicos e os últimos lançamentos da CPAD, visite nosso site: http://www.cpad.com.br

SAC – Serviço de Atendimento ao Cliente: 0800-21-7373

Casa Publicadora das Assembléias de Deus
Caixa Postal 331
20001-970, Rio de Janeiro, RJ, Brasil

3ª Impressão: 2010

Dedicatória

Este livro é dedicado aos casais que têm confiado suas vidas ao meu aconselhamento. Eles têm me ensinado muito sobre os erros graves no casamento e o que podemos fazer para crescer por meio deles.

Agradecimentos

Escrever é um exercício fundamentalmente solitário, a não ser quando imagino você, meu público silencioso. Pela graça de Deus, conto com grande quantidade de pessoas que me cercam e me dão apoio, e que ajudaram a quebrar o isolamento e dão orientação ao meu trabalho. Seu conhecimento e paixão combinados trazem maior profundidade e qualidade aos meus escritos. Sua regeneração serve para realçar o que escrevo, embora ultimamente eu esteja responsável pelo original terminado. São muitas as pessoas a quem devo agradecer pela ajuda que me deram neste livro.

Primeiro, sinto-me privilegiado por trabalhar com a maravilhosa equipe da Casa Publicadora de Harvest. Não posso imaginar os patrocinadores mais maravilhosos do que este grupo selecionado. Obrigado a todos vocês, que trabalharam nos bastidores para possibilitar que este livro chegasse ao leitor. Estou grato pela direção contínua e a direção profissional de meu amigo especial e colega, Terry Glaspey, que acreditou no valor deste livro. Ele sentiu que era um assunto importante e me estimulou a escrevê-lo. Obrigado, novamente, Terry.

Gene Skinner trabalhou de novo comigo, incansavelmente, como "pessoa-chave" para acrescentar intensidade e clareza ao livro. Sempre dando informações preciosas e deixando seu jeito espirituoso e bem-humorado contribuir para um relacionamento prazeroso. Obrigado, Gene.

Eu não posso deixar passar a oportunidade de agradecer novamente a meus pais, Henry e Rose Hawkins, que se divertem com os meus livros. Eles, juntamente com meus irmãos e cônjuges, me deram força para escrever. Embora queiram que eu escreva um emocionante best-seller de suspense, acho que vão aceitar que eu escreva sobre o que sei: Relacionamentos.

Eu tenho o grande privilégio de contar com dois outros que mencionei em livros anteriores. Que alegria tê-los mais uma vez como meus principais esteios. Jim, um escritor experiente, oferece sua visão cuidadosa e anos de experiência, para trabalhar junto comigo, reforçando, assim, minha obra. Eu agradeço imensamente a sua ajuda com idéias e comentários de grande importância e utilidade.

Mais uma vez estou profundamente em dívida e imensamente grato a Christie por me apoiar neste meu livro. Ela acredita não apenas neste assunto e na importância de trazê-lo para você, leitor, mas também em minhas habilidades e paixão para dizer isso. Ela me chama a atenção gentilmente quando me sinto desanimado. Ela capta muitos erros repetidos e defeitos na escrita, que às vezes eu não consigo identificar. Obrigado, Christie, por acreditar em mim e no meu trabalho. Finalmente, nunca dei valor às dádivas e a oportunidade que o Senhor me tem dado. Oro para que eu possa ser um fiel administrador delas.

Sumário

Capítulo Um

Aprendendo com nossos Erros

Quanto maior a dificuldade, maior a glória.
– Cícero

O teleférico que subia ao topo da montanha estava paralisado. Eu enrolei o cachecol em volta da minha cabeça e no pescoço, esperando me proteger do vento sudeste que penetrava no meu gorro de pano. Encolhi-me e embolei-me, na tentativa inútil de me manter aquecido. Cada um na sua cadeira estava calado, poupando energia. A não ser pelo suave assobio do vento através das árvores, a paisagem estava intacta.

Enquanto o teleférico levava meu amigo Ted e a mim em direção ao nosso embarque, um grupo de esquálidos pinheiros, numa encosta árida logo acima de nós, chamou minha atenção. Retorcidas mas inflexíveis, carregadas de neve e gelo, as coníferas pareciam mortas, à primeira vista. Porém, examinando mais de perto, eu vi renovos de folhagem verde surgindo.

Voltei-me para Tad, um biólogo, e perguntei como era possível alguma coisa se desenvolver num solo rochoso a 9000 pés acima do nível do mar, cercado por ventos de 48 quilômetros por hora, sobrecarregada pelo peso da neve e do gelo por seis meses do ano.

– Olhe mais de perto, David – ele falou. – O que você está vendo?

– Eu vejo árvores que poderiam tirar proveito da água e da luz solar. Elas estão encurvadas e quebradas, e parecem tão frias e congeladas quanto eu me sinto.

– Olhe mais de perto.

Examinei as árvores retorcidas e avermelhadas mais uma vez. Sua casca estava deformada e descascando. Várias árvores estavam literalmente enlaçadas por trepadeiras, agarrando-se umas às outras, procurando sobreviver. Eu não conseguia localizar uma única árvore nova.

– Estas árvores cresceram suficientemente fortes para resistir ao vento, à neve e ao gelo – disse Tad. – As árvores mais fracas morrem. Aquelas que sobrevivem tornam-se rugosas e fortes. E elas precisam ficar assim para resistir a esse tempo. Mas elas estão aqui para ficar.

– As palavras dessa história têm uma lição. – eu disse. – "Fique longe do vento ou ele o congela".

– Essa é uma boa lição para nós hoje, – disse Tad. – Mas tem uma coisa que deve ser observada melhor. Olhe como as árvores estão juntas. Elas sobrevivem em parte porque não cometem o grave erro de agir por conta própria. As árvores novas não fazem isso. Elas precisam das outras árvores para protegê-las do tempo violento.

Tad parou um instante, contemplando aquela paisagem de inverno. "A adversidade torna você forte e o ajuda a aprender o que é preciso fazer para sobreviver e prosperar".

Casamento É Difícil

Enquanto eu meditava sobre aqueles pinheiros escassos, porém fortes, resistindo a 9000 pés, eu pensei nos inúmeros casais com quem tenho trabalhado há mais de 28 anos. Alguns pareciam ajustados depois de um breve período de harmonia. Eles vieram me ver por pouco tempo e deixaram seus sentimentos renovados, prontos para desfrutar do seu casamento mais uma vez. Também tenho gasto horas incontáveis com casais que se esforçaram, indo a fundo para encontrar novas saídas e se tornando, às vezes, mais fortes. E, lamentavelmente, tenho trabalhado também com aqueles que não resistiram aos ventos cortantes do tumulto doméstico e do alicerce superficial da imaturidade da relação.

"A vida é difícil", escreveu M. Scott Pack em seu conhecido livro *The Road Less Traveled* (A Estrada menos Percorrida). Da mesma forma, ele poderia ter dito: "O casamento é difícil". Afinal de contas, o casamento e as relações formam a maior parte do que nós chamamos de vida. Quando os casamentos e as relações estão na agonia do caos, a vida é dolorosa e difícil.

Essa não é, com certeza, uma informação surpreendente. Deus nos criou como seres relacionais. Usando a imagem de um Deus relacional, ansiamos por estar em parceria com as pessoas que nos amam, cuidam de nós e nos compreendem. Sozinhos, nós podemos contemplar o cume de uma montanha majestosa na imagem de um pôr-do-sol, mas nós valorizamos ainda mais a aventura quando estamos com alguém que a aprecia tanto quanto nós.

Então, o que torna tão difícil o casamento? Por que mais da metade dos casamentos termina em divórcio? E por que esse número não é menor nas igrejas do que na população de um modo geral? Vamos considerar vários fatores.

Deus Criou o Casamento

Você deve lembrar que em Gênesis Deus disse que tudo que Ele criou era bom – exceto por uma coisa. Ele disse que não era bom que o homem estivesse só. Deus criou as estrelas e as galáxias. Ele criou cada tipo de animal. Ele criou regatos calmos e límpidos, e magníficas montanhas, e colocou o homem no meio desse paraíso verdejante. Então, da parte mais sociável do homem, Ele tomou "osso dos meus ossos e carne da minha carne". Deus fez uma companheira para o homem, para aliviar a dor da sua solidão e proporcionar um relacionamento pleno.

Quando olhamos para o céu e ponderamos como toda a criação se ajusta como um gigantesco quebra-cabeça, nós sentimos uma mão invisível por trás de tudo. O desígnio de Deus é miraculoso. Mas, um exame apurado revela uma ruptura importante. Deus deu livre arbítrio ao homem e à mulher. Adão e Eva – e, por extensão, você e eu – escolhemos desobedecer a Deus. Governar um paraíso feito à mão não foi suficiente para nós. Não, nós queríamos mais. Queríamos ser iguais a Deus. Uma das conseqüências desta decisão é que não vivemos mais em doce harmonia com a Terra ou uns com os outros. Tendo sucumbido a nossa natureza egoísta, pecaminosa, agimos de modo a causar destruição em nossa sociedade e em nossos casamentos.

Quando nós revemos as circunstâncias da vida no Jardim, observamos que depois de o homem e a mulher escolherem desobedecer a Deus, eles fizeram uma série de coisas que ainda fazemos. Esses procedimentos são a origem de muitos erros relacionais que consideraremos neste livro. Observe o comportamento de Adão e Eva no Jardim:

- Eles "flertaram" com a tentação de se tornarem iguais a Deus.
- Eles desobedeceram a Deus.
- Eles se sentiram envergonhados e embaraçados.
- Eles culparam mais alguém por seus problemas.
- Eles tiveram problemas imediatos em suas relações familiares.

Esse comportamento começou bem no início da humanidade e continua até hoje. Eles são os principais culpados nos problemas conjugais.

Quando você ler este livro do princípio ao fim, verá que muitos problemas difíceis no casamento desenvolvem-se a partir dessas origens.

O que É tão Crítico?

Então, o que faz do erro um *erro crítico*?

Nós cometemos erros todos os dias, especialmente nos casamentos. Mas nem todos os erros são críticos. Qual a diferença? Larry comete um erro quando esquece que sua esposa tem se esforçado com seu chefe no trabalho e precisa de uma dose extra de TLC (Tender Loving Care: "Um carinho todo especial") todas as noites. Ele comete um erro grave quando deixa de apoiar sua esposa sempre que ela está estressada. Ele vive totalmente envolvido em suas próprias transações de trabalho e não ouve mais sua esposa quando ela compartilha seus problemas. Algumas vezes ela se sente desvalorizada e desvinculada de seu cônjuge.

Talvez um exemplo de minha própria clínica de aconselhamento possa ilustrar o assunto. Jerry trabalha muitas horas como engenheiro e se sente estressado na maior parte do tempo. Ele é uma pessoa prática, objetiva no trabalho, e leva essa atitude com ele quando vai para casa todas as noites. Ele tem um lado irritadiço que Bárbara, sua esposa, não aceita. Quando eles brigam, as coisas ficam fora de controle rapidamente. Discutir de vez em quando não é errado. Ficar irritado uma vez ou outra também não. Mas, quando brigas sem importância acabam sempre em Terceira Guerra Mundial, alguma coisa está errada. Quando a tensão doméstica se torna um modo de vida, o problema é grave.

Erros acontecem, e os cônjuges precisam de tolerância um com o outro em suas eventuais fraquezas. Mas, quando os erros se tornam habituais e ocorrem em uma das nove áreas críticas, que vamos descrever em linhas gerais neste livro, o casal precisa de ajuda. Um casamento não vai durar muito tempo ou não vai atingir a sua plenitude se houver um ou mais destes nove erros graves no relacionamento.

Dificuldades São Previsíveis

Homens e mulheres disputam desde o início dos tempos. O sossego não garantiu que Adão e Eva viveriam sempre em paz no lar – pelo menos não depois do ato de provar da fruta. Você pode imaginar esta cena?

> – Hei, Adão. Você se importa de me ajudar a podar estas árvores?

– Está bem, vou ajudá-la daqui a pouco. Agora eu quero caçar.
– Não posso esperar? Preciso de sua ajuda.
– Você está brincando? Um rebanho inteiro de búfalos está vindo para o vale esta semana. Se eu perder esta oportunidade, vamos ficar sem carne neste inverno. Você quer que a gente se arrisque a morrer de fome porque as fruteiras precisam ser podadas?

Eva resmunga enquanto vai embora, voltando para lançar sobre Adão um último risinho de zombaria. Adão e Eva tinham seus problemas. A mesma coisa acontece com os casais o tempo todo.

Mas, temendo que passássemos pela mesma situação e nos sentíssemos indefesos diante da tensão, desarmonia, conflito e a sempre presente ameaça do divórcio, deveríamos admitir uma grande verdade: O conflito é previsível, e nós podemos controlá-lo. Os conflitos que enfrentamos têm formas; então, podemos aprender – com a ajuda de Deus – a dominar esses problemas. Nós podemos aprender com os nossos erros.

Conforme Adão e Eva, desenvolvemos a fina arte de se esconder, fugir e culpar. Aprendemos a aumentar os problemas, fazer tempestade em copo d'água e ignorar os grandes problemas. Descobrimos meios de fugir de aprender as lições extremamente úteis, disponíveis para nós em toda disputa que enfrentamos.

Mas, porque nossos problemas relacionais são previsíveis, podemos aprender novas estratégias para vencê-los.

Paul e Linda

Paul e Linda eram símbolo de muitos casais que vieram me procurar. Eles lutaram com problemas conjugais durante anos, antes de decidirem que precisavam da ajuda de um profissional – um passo difícil de ser dado – eles disseram.

"Nossos problemas são insignificantes em muitos aspectos", disse-me Linda. "Devíamos conseguir resolvê-los por conta própria, mas não podemos. Nós dois concluímos que precisávamos de ajuda."

Casados há 18 anos, com dois filhos adolescentes, Paul e Linda permitiram que a perturbação e a raiva corroessem um pouco da afeição que sentiam um pelo outro. Agora essas coisas ameaçavam o seu casamento.

Paul era um homem alto, cordial e trabalhava como bombeiro. Ele me disse que gostava muito do seu trabalho; porém, gostava mais quando não estava em serviço e podia dedicar-se à sua paixão – pescar. Linda era uma mulher magra e atlética, que trabalhava como enfermeira no hospital do bairro. Ela gostava do desafio do triathlon, de vez em quando, e acompanhava diligentemente as atividades extracurriculares das filhas.

Eu perguntei a eles o que os trouxe à consulta.

– Nós continuamos brigando pelas mesmas questões. – Disse Linda. – Cada vez que eu acho que as coisas estão melhorando, voltamos a uma situação crescente de discussão e disputa.

– Não é nada realmente grande – acrescentou Paul, – só os mesmos antigos dilemas que nos levam a brigar e nos fazem ficar zangados um com o outro por vários dias. Isso é uma estupidez!

– A maioria dos casais briga, repetidas vezes, por causa das mesmas coisas – disse. – Eles não admitem seus padrões ou as conseqüências deles; então nunca mudam a sua atitude.

– Somos nós – disse Paul olhando Linda de alto a baixo. – Isso parece familiar – ele lhe disse.

– Temos duas ou três questões que parecem nos fazer tropeçar – disse ela. – Insistimos em brigar por causa de dinheiro e sobre como disciplinar as crianças. Quanto ao mais, nós vivemos em grande harmonia.

Paul aproximou-se de Linda e pegou sua mão. Ela parecia gostar daquele contato. Eu podia ver que havia muita cordialidade e muito calor em seu relacionamento, mas ainda assim, se eles não conseguissem identificar seus pontos destrutivos e eliminá-los ou minimizá-los, seu casamento estaria em apuros.

Como se lesse a minha mente, Linda deu um salto. "Não queremos deixar que as coisas cheguem ao ponto de nos separarmos por causa das discussões. Nós dois acreditamos que vale a pena salvar nosso casamento. Esperamos que o senhor possa nos ajudar a identificar os pontos problemáticos e mudá-los."

Trabalhei com Paul e Linda nos três meses seguintes. O calor e cordialidade que pude ver entre eles, naquele início de tarde, diminuía, às vezes, quando nós explorávamos seus pontos divergentes. Paul relutava em encarar as questões polêmicas e estava visivelmente mais à vontade para fazer piadas do que para enfrentar os problemas. Enquanto isso, Linda estava inclinada a harmonizar as coisas e era muito mais sensível. Mas ambos mostraram uma disposição de aderir ao tratamento e procurar os pontos destrutivos para mudá-los.

Muito embora Linda e Paul estivessem motivados, mudar não era fácil. Uma mudança real nunca é fácil. A situação era bem mais difícil para Paul. Ele não estava mais acostumado a sentar-se e conversar sobre os problemas.

Trabalhava com homens que consideravam tolice ouvir conselhos e discutir problemas pessoais.

Como seus amigos, Paul tinha o hábito de fazer comentários sarcásticos quando se sentia frustrado. Essa era a sua maneira de diminuir a ansiedade. O sarcasmo de Paul era muito prejudicial. E, sem dúvida, ele persistia em convencer Linda de que estava seriamente interessado em resolver seus problemas. À medida que Paul foi parando gradativamente com aquelas brincadeiras incessantes e impróprias, ele aprendeu a se expressar sem sarcasmo. Como era de se esperar, o respeito de Linda por ele aumentou.

Linda tinha seu próprio trabalho a fazer. Precisava evitar supervalorizar seus problemas ou torcer as palavras de Paul. Da mesma forma que Paul, ela também tinha que mudar seu tom de voz, se eles quisessem progredir em seu relacionamento. Ela aprendeu a não recorrer ao bate-boca quando as coisas não estivessem do seu jeito. Em vez disso, ela falava calmamente e se focalizava no ponto em questão. Isso ajudou a Paul, porque ele podia sintonizar-se com o que ela estava dizendo em vez de ignorar suas palavras ásperas. Gradativamente Paul se tornou mais sério, enquanto que Linda moderou seu jeito violento. Essas conciliações tiveram um impacto enorme sobre seu casamento, porque ambos, marido e mulher, se tornaram mais eficientes na solução dos problemas.

Eles perceberam que podiam aprender muito com os erros repetidos no seu casamento. Descobriram que no casamento podem aparar as arestas de sua personalidade e amadurecer de uma vez por todas.

As Lições nos Erros

Felizmente, podemos aprender valiosas lições com nossos erros. Embora o processo possa ser doloroso encontraremos coisas que nos ajudem a ser pessoas e cônjuges melhores, se formos sinceros na busca. Se estamos dispostos a encarar a nós mesmos e a nossos problemas, descobriremos coisas que preferíamos não ver. Mas simplesmente identificá-los pode ser de grande ajuda. Vamos analisar algumas das coisas sobre as quais falaremos em *9 Erros Críticos que todo Casal Comete.*

Primeiro, *os erros são humilhantes.* Os erros relacionais geram confusão. Eles dão um destaque ao seu papel de causador de problemas para outra pessoa. A menos que você seja duro e insensível, vai observar que alguém magoa – e é você quem causa a mágoa. Se você está disposto a aprender, seus erros relacionais tirarão sua cabeça das nuvens e a trará de volta a Terra. Numa reflexão honesta, você terá a oportunidade de ver a si próprio mais cuidadosamente – e com humildade.

Segundo, *os erros criam oportunidade para um crescimento emocional.* Quando você ouvir honestamente a avaliação do seu parceiro, terá a oportunidade de amadurecer. Seu parceiro desejará, sem dúvida, oferecer seu retorno, que pode ser extremamente útil, desde que você queira ouvir.

Charles Manz, autor de *The Power of Failure* (A Força do Fracasso), nos diz que podemos ser libertos quando admitimos fraquezas pessoais. Ele usou o Rei Davi como exemplo – especificamente, o envolvimento de Davi com Batseba e o assassinato do marido dela. Ele também cita exemplos contemporâneos, tais como as aventuras do Presidente Clinton e o disfarce do Presidente Nixon. Até que essas pessoas encarassem suas falhas, elas não conseguiram avançar na vida.

Manz diz: "Precisamos admitir que falhamos. Até que admitamos, podemos nos ver afundando mais e mais em direção à escuridão, presos ao passado em vez de despontar para um futuro brilhante. A duração do nosso sucesso pode perfeitamente depender de nossa aceitação, no final das contas, quando o fracasso é realmente um fracasso.[1]

Terceiro, *os erros nos ensinam o que é importante.* Não é de grande ajuda quando apenas admitimos nossos erros ou mesmo tentamos remediá-los. Devemos examinar profundamente nossos atos por causa dos problemas que os originaram. Dizer que você sente muito, por mais digna que seja esta atitude, é menos do que você pode fazer. Quando você reexamina os erros com olhar crítico, pode aprender sobre seus motivos e valores escondidos. Se estes são enviesados, você deve direcioná-los.

Muitos casais lutam com os mesmos erros inúmeras vezes. Talvez porque seja para você uma situação corriqueira. Você pode se sentir como o viajante que cai no mesmo buraco na estrada. Uma vez que tenha realmente aprendido, escolherá uma estrada diferente. Mas primeiro você deve compreender e aceitar as lições que a situação oferece.

Quarto, *os erros podem ser um meio através do qual Deus se comunica conosco.* Ele os usa para chamar a nossa atenção. Quando as coisas estão fluindo calmamente em nossas vidas, nossa tendência é nos tornarmos hipócritas e ignorar a Deus. Ele permite os problemas em nossas vidas para que a nossa confiança nEle aumente.

Deus sempre utiliza causa e efeito. Ele nos permite experimentar as conseqüências naturais do modo como temos vivido nossas vidas. Deixe-me dar um exemplo.

Kathy era uma profissional de 53 anos, que veio à consulta buscar ajuda para o seu relacionamento com Tom. Eles estavam noivos, mas Kathy tinha algumas pendências sobre seu relacionamento. Por ela ter tido dois casamentos fracassados, estava particularmente de sobreaviso. Ela também não tinha discernimento e era vítima dos padrões que mal compreendia, mas que queria desesperadamente evitar repetir.

Na consulta, Kathy descobriu seus graves traços de co-dependência. Ela se fechava para os homens com graves problemas emocionais – inclusive vícios – e reforçava as fraquezas deles ignorando-as ou compactuando com elas. Ela sabia que aqueles homens problemáticos precisavam dela e, por causa de sua insegurança e sentimentos de inferioridade, escolhia-os para depender deles ou mantê-los na sua dependência. Seus casamentos foram exemplos de duas pessoas carentes procurando uma à outra. Infelizmente, tais relacionamentos quase sempre são destinados a fracassar.

Kathy compartilhou que Tom trabalhava com ela num escritório de contabilidade. Ele era um homem simpático e cristão. Eles se conheceram na igreja e começaram a se encontrar. Entretanto, após vários meses, Kathy descobriu que Tom era um alcoólatra em recuperação. Ele diminuiu o consumo de bebida, e ela estava inclinada a encobrir isso também. Mas, uma experiência passada e seu radar guiado pelo Espírito a preveniam de problemas posteriores, a menos que eles encarassem essas questões francamente. Kathy não apenas precisava dedicar-se aos problemas de Tom com o álcool, mas às suas próprias questões de co-dependência. Se ela conseguisse fazer isso, cometeria menos erros no futuro, dando-lhe então uma chance melhor de encontrar a felicidade em seus relacionamentos.

Por último, *os erros podem ser divertidos*. Sim, você leu corretamente. Os erros, por causa da correta estrutura da mente, podem ser interessantes, intrigantes e até divertidos. Cometer erros é uma parte da vida e da vida relacional. Eles vão ocorrer. O problema não é se você vai cometer um erro, mas *quando*. Felizmente os erros podem ser instrutivos e efetivamente divertidos, se você os vê sob esse prisma.

Imagine como você ficaria intrigado se tivesse que recuar depois de cometer um erro e perguntar a si mesmo: Por que será que eu fiz isso? ou *O que eu estava pensando?*, ou talvez até *O que eu posso aprender com este ato absurdo?*

Eu ensino casais a compreenderem seus erros relacionais típicos e ficarem em alerta quanto a eles. Eu os encorajo a manter uma postura divertida em relação a seus erros. Os casais podem permanecer de bom humor usando frases como esta:

- "Ôpa, aqui vamos nós de novo."
- "Você está recebendo os mesmos sinais de aviso que eu?"

- "Nós podemos diminuir o ritmo da conversa?"
- "Eu estou começando a ficar nervoso de novo."

Se os casais podem entrar em acordo para avisar um ao outro quando se aproximarem da "área de perigo", eles podem começar o processo de mudança. Desta forma, terão realizado com sucesso uma interrupção exemplar. Interromper o padrão antigo rompe a conexão de causa-efeito e cria o início de um modelo novo e mais saudável.

Nove Erros Críticos

Muitos erros são instrutivos, mas alguns são graves. Se forem habituais, podem corroer a afeição e destruir a integridade do seu relacionamento. Eu encontrei nove erros particularmente devastadores para um casamento, e nós vamos apresentar um erro em cada um dos capítulos seguintes.

1. *Pare de apertar o detonador.* Neste capítulo nós vamos aprender sobre a importância de resolver um conflito antes que ele dê uma virada radical arriscada, causando um prejuízo irreparável. A maior parte dos casais sabe, logo no primeiro ou no segundo minuto de discussão, se será construtiva ou se pode tornar-se uma guerra total. Devemos aprender a reconhecer a diferença e tomar decisões de acordo com ela.
2. *Pare de fingir que não percebe.* Aqui nós vamos explorar o perigo de fingirmos que não percebemos os problemas, esperando que estes desapareçam se nós os ignorarmos. Isso não funciona, e nós vamos aprender como abordar esta questão.
3. *Pare de falar grego.* Aprenderemos como pôr fim à comunicação ambígua e vaga e a importância de nos concentrarmos e encontrarmos soluções para os problemas.
4. *Pare de fazer o papel de Deus.* Neste capítulo condenamos uma coisa considerada acima da crítica – o desejo, entre todos nós, de fazer o papel de Deus, falando aos nossos parceiros o que eles estão fazendo de errado, por que está errado e o que eles deveriam fazer de maneira diferente. Este parece ser um passatempo favorito para muitos casais, mas isso é muito destrutivo.
5. *Pare de remoer o mesmo assunto. (Pare de chutar cavalo morto.)* Muitos casais não sabem quando dar uma trégua em uma questão polêmica. Lembranças de erros passados que eles tiveram que suportar estão profundamente

arraigados, e eles sentem necessidade de lembrá-los a seu cônjuge sempre que surge a oportunidade.

6. *Pare de viver nas trincheiras.* Todos precisam de um líder de torcida, e a melhor escolha é seu parceiro. Neste capítulo analisaremos os danos que ocorrem quando muita crítica, ou talvez a falta de uma atitude positiva, anuviam nosso julgamento. Nós também discutiremos a mudança que uma observação positiva ou um elogio pode trazer.
7. *Pare de viver com cercas de papel.* Neste capítulo vamos nos dedicar à importância dos limites saudáveis. Discutiremos sobre o que são os limites, por que eles são importantes e como você pode reforçá-los para o benefício do seu casamento.
8. *Pare de usar essa língua indomada.* Este capítulo explora a importância de reduzir a crítica em seu casamento. Exploraremos como o descuido – principalmente o descuido verbal – pode destruir um casamento.
9. *Pare de se manter distante.* Muitos casais parecem temer a intimidade. Eles podem se queixar da falta de intimidade, mas parecem paralisados para fazer alguma coisa a esse respeito. Veremos o que é intimidade, quais são as barreias mais comuns para que haja intimidade e como você pode afastar essas barreiras e reavivar o calor da paixão em seu relacionamento.

O Centro do Conflito

Quando nos aproximamos destas questões vitais, devemos sempre fazer um esforço para relacioná-las com o cerne da questão. Uma mudança superficial trará frustração. Soluções de curta duração e projetos instantâneos estão fadados ao fracasso.

Jesus apresenta alguma coisa para meditação em relação aos conflitos e aos nossos corações. Considere esta história sobre sua vida.

Um moço se aproximou de Jesus e pediu-lhe que resolvesse uma disputa de herança com seu irmão. Respondeu Jesus: "Homem, quem me designou juiz ou árbitro entre vocês? Então lhes disse: 'Cuidado! Fiquem de sobreaviso contra todo tipo de ganância; a vida de um homem não consiste na quantidade de seus bens.'" (Lc 12.14,15 – NVI).

À primeira vista, você poderia pensar que o Senhor estaria disposto a ajudar um homem que estava pedindo ajuda. Por que Ele repreenderia esse homem e o mandaria seguir seu caminho? Talvez a resposta esteja na última parte da passagem. Ouça a minha paráfrase para essas palavras: "Não é simplesmente uma questão de fazer uma distribuição justa de suas riquezas. É uma questão do coração. Em vez de ficar preocupado com a igualdade, tente aprender sobre o seu coração e tomar uma decisão acertada com base nos princípios do coração".

Em Tiago 4.1-3 destaca-se o papel principal do coração nos conflitos:

> De onde vêm as guerras e pelejas entre vós? Porventura não vêm disto, a saber, dos vossos deleites, que nos vossos membros guerreiam? Cobiçais, e nada tendes; matais, e sois invejosos, e nada podeis alcançar; combateis e guerreais, e nada tendes, porque não pedis. Pedis, e não recebeis, porque pedis mal, para o gastardes em vossos deleites.

Essa passagem o atinge em cheio assim como a mim? Você pode traçar sua luta relacional por motivos egoístas e problemas do coração?

Em vez de se concentrar veementemente em tudo que seu cônjuge tem feito de errado ou naquilo que você imagina que ele deveria fazer para concertar as coisas, considere o que vai em seu coração. Antes de apontar o dedo para seu parceiro, certifique-se de que você já fez um auto-exame aplicado em relação aos tentáculos da ambição. Verifique se o ressentimento não está atuando em seus motivos. Especificamente esteja atento a sinais como estes:

- uma necessidade de reivindicar
- uma necessidade de ser exigente
- um sentimento corrosivo de ressentimento
- um desejo de desforra
- uma atitude presunçosa de julgamento

Essas atitudes são naturais. Eu sempre ajo assim e luto contra isso. De fato, eu nunca me senti completamente vitorioso em relação a elas. E você? Como está seu coração?

Uma Decisão de Mudar

Provavelmente você pegou este livro porque tem cometido alguns erros em seu casamento e quer libertar-se das questões embaraçosas. Você pode fazer isso. Com a ajuda de Deus e um coração predisposto, você pode sair dessas questões embaraçosas para um relacionamento mais feliz. A pergunta é: O que você terá de fazer para mudar?

Primeiro, *mudar requer uma decisão clara e de compromisso.* Talvez isso pareça óbvio. Mas nem todos estão dispostos a fazer o que é necessário para efetuar uma mudança verdadeira. De fato, muitas pessoas que afirmam querer mudar têm os dois pés como que plantados firmemente no cimento. Eles não farão ajustes independentemente do que dizem. A mudança vem de uma decisão de dedicar-se à transformação. Essa decisão coloca todas as coisas em funcionamento.

Segundo, *mudar requer uma disposição para fazer isso.* Uma vez que você decidiu mudar, precisa consultar seu coração para ver se realmente está disposto a isso. Terá de examinar várias áreas de sua vida e de seu casamento, e confirmar se está pronto para alterar seu comportamento. Isso é uma entrega – uma entrega à poderosa obra de Deus. Se o seu casamento não está indo bem, você precisa se dispor a fazer alguma coisa a este respeito.

Terceiro, *mudar exige honestidade.* Você não pode mudar aquilo que não enfrentou. Se você não considera uma determinada coisa como problema, não terá possibilidade de resolvê-la. Portanto, antes que cada mudança possa ocorrer, seja completamente honesto consigo mesmo, admitindo que existe um problema e que você é, pelo menos, parcialmente responsável por ele. Esteja disposto a admitir que sua vida e seu casamento não estão funcionado como poderiam. Humildade? Sim. Libertação? Com certeza!

Quarto, *mudar exige coragem.* Agora que você admitiu que sua vida e seu casamento não são o que poderiam ser e que seus erros graves estão arruinando a tentativa de intimidade, você precisa ter coragem para mudar. Mas mudar não é para os fracos; requer determinação e coragem.

Quinto, *mudar exige um julgamento justo.* Para ocorrer a transformação, você precisa examinar sua vida com julgamento justo. Muitos dizem que estão dispostos a mudar, mas não avaliam realmente o preço. Como os membros dos Alcoólicos Anônimos dizem: "Meias-medidas não valem nada." Mudança superficial é de pouco valor. Para resultados concretos, você precisa identificar o que não está se encaixando e se dispor a ajustar.

Sexto, *mudar exige perseverança.* A verdadeira mudança não acontece de uma hora pra outra. Ela vai acontecendo aos poucos. Isso ocorre observando o seu exemplo de erros graves muito repetidos e acionando seu plano para mudar. Isso é parte da avaliação do custo. Se você está disposto a mudar, está decidido a seguir no trajeto enquanto ele durar.

Sétimo, *mudar exige a ajuda de Deus.* Nós devemos compreender que não podemos mudar por nossa própria capacidade. Albert Einstein uma vez disse que não podemos corrigir um problema usando a mesma força que o criou.

Isto é porque nossa idéia falha – a mesma idéia que criou o problema – é inadequada para remedia-lo de fato. Nós precisamos da ajuda de Deus.

Não se Esqueça de Sorrir

Enquanto nós embarcamos nessa viagem, lembre-se de que todos cometem erros, especialmente nós, os casados. Mancadas fazem parte do jogo.

Nós podemos viver bem com amigos que vemos de vez em quando. Gostamos de nossos amigos e queremos que eles gostem da gente. Conseqüentemente, fazemos qualquer esforço para mostrar o melhor de nós. O mesmo parece acontecer com relação aos nossos relacionamentos na igreja, onde mostramos uma aparência de que somos piedosos. Nós procuramos agir como se, depois de ouvir os sermões, praticássemos a vida cristã digna e honrosa.

A maioria de nós sabe como parecermos bons, sentados reverentemente nos bancos da igreja, com uma auréola quase imperceptível. Lamentavelmente, sempre confundimos hipocrisia com virtuosismo.

Mas, entre quatro paredes, no recôndito do lar é que nos revelamos. Entretanto, uma constante análise detalhada do relacionamento tem suas conseqüências. Nós deixamos escapar nosso gênio, nosso "beicinho" e até mesmo nosso grito. Lutamos com os demônios do vício. Somos, acima de tudo, humanos, e então os erros graves acontecem. Mas isso pode mudar!

Enquanto fizermos juntos esta viagem, lembraremos que somos todos falhos. Todos nós temos dificuldade com um ou mais erros críticos que apresentaremos neste livro. Então, relaxe. Sorria. Identifique-se nas histórias que se seguem. Mas, o que quer que você faça, não seja tão rigoroso. Nós estamos, afinal de contas, num processo. Não podemos esperar viver esta coisa chamada relação de maneira plena, inteiramente satisfatória.

Capítulo Dois

Pare de Apertar o Detonador:

Evitando Explosões Emocionais

Nunca é tarde demais – na ficção ou na vida – para corrigir
– Nancy Thayer

Eu subi os três lances de escada para o meu consultório, segurando meu café com leite com todo cuidado. Meu almoço na outra mão e um casaco dobrado sobre os ombros, estava me preparando para a minha primeira consulta. Fiz uma breve oração pedindo proteção e uma bênção para todos que eu veria na minha clínica de Psicologia naquele dia.

– Bom dia, senhoras – eu disse alegremente para a diretora da clínica, Helen, e sua assistente, Darby.

– Bom dia, Dr. H. – ambas disseram alegremente.

Eu olhei de relance para a sala de espera. Havia um casal sentado junto; eles estavam ocupados preenchendo a ficha e trocavam olhares conversando animadamente.

– Essa é a minha primeira consulta? – Perguntei a Helen.

– Sim. A pasta está pronta, e eles já terminaram de preencher a ficha. Parece um casal simpático.

Voltei ao meu consultório para preparar o espírito do casal que esperava para me ver. Estava curioso sobre o que poderia tê-los trazido aqui. Talvez eles estivessem com questões com os enteados. Ou talvez fossem recém-casados, já querendo fazer alguma coisa para manter seu relacionamento intacto. Talvez um deles tenha sido infiel, e eles me pediriam que os ajudasse a "juntar os pedaços" do seu casamento. Embora me considere um terapeuta infantil e de família – como havia o antigo médico de família no passado – o aconselhamento de casais abrange a maior parte do meu trabalho. Eu recebo um grande número de casais que mal conseguem manter vivo seu relacionamento amoroso. Eu vejo esses problemas muitas vezes: o casal, em estado de encantamento, imagina uma vida de felicidade e alegria – e então a realidade vem e estraga tudo. O conflito entra na paisagem, e eles passam a carregar em suas mãos mais do que podem administrar. Estão sempre mal equipados para controlar os problemas que muitos casais enfrentam, e vêm a mim pedindo ajuda. Algumas vezes tentam agir sozinhos e acabam sem saber o que fazer, enquanto seu casamento se dissolve.

Como tenho trabalhado com casais durante os meus 28 anos de aconselhamento, aprendi os exemplos da maior parte dos conflitos relacionais. Percebi que a maioria dos problemas conjugais se inclui num dos nove erros críticos que vamos explorar neste livro.

Nas palavras de um velho ditado, a situação é desesperadora, mas não é grave. Você precisa aprender como evitar que seu relacionamento seja vítima de um dos nove erros críticos. Ou, se já houve algum prejuízo, você pode aprender estratégias para ajudar a encontrar soluções rápidas, de modo que possa, de maneira mais plena, ter prazer em seu relacionamento.

O que este casal traria nesta manhã de segunda-feira? Eles pareciam bastante animados na sala de espera. Talvez estivessem envolvidos em questões de família, e sua luta fosse com ex-maridos ou ex-esposas, não um com o outro. Talvez estivessem tentando se decidir a adotar um bebê. Talvez tivessem brigado a semana inteira e agora estivessem encenando um belo show em público. Qual dos erros eles estariam cometendo? Eu descobriria logo.

Depois de tirar meu jaleco e guardar meu casaco, voltei para a secretaria do consultório para rever as fichas. Peguei a lista e fiz um gesto para o casal, indicando que os chamaria em poucos instantes.

Bárbara e Thomas Simms. Ambos com 38 anos. Ele trabalhava como subgerente numa loja de departamento local. Ela era bancária.

Na hora da apresentação, eles resumiram seu problema da seguinte forma: "Nós não sabemos como brigar moderadamente".

Não era muita informação para me servir como base, mas era importante, apesar disso. Embora desejemos que a briga nunca fizesse parte de um casamento, este não é o caso, com certeza. O casal que não sabe como brigar moderadamente, quando vem a briga, já está em desvantagem para fazer o casamento funcionar.

O conflito virá. Sabendo como controlar a situação, ele pode manter ou interromper um casamento. Essa é uma das mais poderosas estratégias que um casal deve aprender para tornar seu relacionamento bem-sucedido.

Eu cumprimentei os Simmses e os acompanhei ao meu consultório. Ambos me deram um caloroso aperto de mãos e um amplo sorriso enquanto entravam na sala. Eles eram, com certeza, bastante cordiais.

"Olá, amigos. Eu sei que não damos a vocês muito espaço em nossas fichas para descreverem o que os trouxe aqui; então, por que vocês não continuam a me dizer como eu poderia ajudá-los?"

Bárbara estava vestida de maneira informal, com jeans azul e pulôver. Os cabelos castanhos curtos caíam suavemente sobre seus ombros. Ela possuía um sorriso cativante. Thomas era um homem alto, magro, de porte atlético, com pouco cabelo, prematuramente grisalho. Ele usava um cavanhaque bem aparado e estava confortavelmente vestido com uma camisa *oxford* cáqui de manga comprida. Era uma pessoa amável, mas um pouco mais cauteloso em sua conduta.

Depois de hesitar por uns momentos, Bárbara disse:

– Eu não sei exatamente por onde começar.

– Bem, por que você não me conta a razão por que decidiu procurar aconselhamento? O que estava acontecendo em seu casamento que fez vocês virem aqui?

Durante os 20 minutos seguintes, Bárbara e Thomas contaram sobre seus 14 anos de casados e sua história de conflito. Eles sempre sorriam um para o outro. Falavam com calma, e suas vozes não indicavam nenhum problema mais grave. Eles recordaram as coisas intensas em seu relacionamento. Bárbara e Thomas gostavam do seu trabalho, da casa que desenharam e construíram juntos, e de seus três filhos.

Quando mudou o assunto, as coisas começaram a esquentar. Eu podia sentir a tensão se instalando na sala enquanto Bárbara falava de uma amizade que Thomas tinha no trabalho, com uma de suas sócias, e sua preocupação com isso.

Em poucos instantes, o clima ficou pesado, com frustração e uma corrente de hostilidade. Os tons de voz se alteraram. Suas palavras ficaram carregadas de zombaria e acusação. O casal que tinha falado tão calmamente antes, agora começou a se desagregar diante de seus problemas.

– Ele sempre a defende – disse Bárbara. – Ele gasta mais tempo no trabalho do que em casa e se interessa mais por seu trabalho e sua amiga íntima do que por sua família.

– Lá vem você – retrucou Thomas – fazendo acusações que não são verdadeiras. Sempre no ataque. Nunca compreendendo o meu lado das coisas.

– Bem, como você explica os almoços junto com ela, nos últimos dois meses, e o presente que você comprou para ela no aniversário?

– Trabalho. Tudo isso foi porque trabalhamos juntos, nada mais – respondeu Thomas asperamente.

– Hei! Alto lá! – eu disse. – Vocês estavam tão amáveis há um minuto e agora estão se agredindo como inimigos declarados –. Mas as tentativas de intervir não adiantaram.

Barbara deu um pulo, apoiando-se na cadeira, dirigindo impropérios para Thomas.

– Ele não se importa com o que eu sinto quanto ao seu relacionamento com suas vendedoras. Ele se defende, mas acho que existe alguma coisa acontecendo.

– Isto é loucura – disse Thomas, olhando ferozmente para ela. – Eu mantenho um relacionamento profissional com todas as minhas vendedoras. Conversamos sobre isso em casa, mas nada do que eu digo convence Bárbara. Ela começa a me agredir toda vez que este assunto vem à tona. Ela agride minhas vendedoras, e, quando eu as defendo, ela se torna psicótica comigo. Nada que eu digo pode ajudar, e eu estou cansado disso.

– Amigos, parem! – disse. – Eu estou disposto a ajudar vocês a tentar separar as coisas e encontrar uma solução, mas primeiro vocês precisam parar de agredir um ao outro. Isso não vai resolver nada!

Eles continuaram a se olhar com fúria enquanto eu refletia sobre meus próximos passos. Tenho visto praticamente tudo nesses anos de profissão, mas o humor deles mudou tão rapidamente que me pegou desprevenido. Eles ficaram amáveis por um momento, conversando e comunicando-se com afeto. Então, de repente, apertaram o botão, detonando uma dinamite emocional e enviando toneladas de destroços relacionais voando em todas as direções. Por quê? Ou melhor, o que nós poderíamos fazer sobre isso?

A Mudança Dramática

Amigos num momento, inimigos logo depois. Apaixonados, com esperanças e sonhos, logo depois combatentes prontos a se separar.

Você já se sentiu assim? Você já se sentiu aquecido com o afeto e a amizade do casamento e, então, sem aviso, se viu apanhado numa armadilha, num combate chocante? Se isso aconteceu, eu não me surpreendo. Acontece até nos melhores relacionamentos, com pessoas apaixonadas, com compromisso de casamento, e com pessoas que já estão casadas há 30 anos.

Essas mudanças dramáticas são os ingredientes que transformam casamentos felizes em uma situação de crítica. Elas podem trocar uma ligação harmoniosa e adorável por uma de rivalidade amarga e questionadora, e podem acontecer tão rápido que fazem sua cabeça girar.

Vamos analisar exatamente como isso acontece.

Primeiro, *alguém muda o compasso emocional.* A mudança pode acontecer drasticamente, algumas sem que ninguém perceba. Alguém toca num assunto delicado e fere o sentimento da outra pessoa, desrespeitando um ego temperamental.

Observe que Barbara e Thomas se davam bem desde que evitassem o "assunto quente". Eu descobri que eles se saíam bem quando falavam sobre os filhos, as finanças, as férias de verão e sobre sua vida íntima. Mas quando Bárbara trazia à baila o assunto proibido, o prognóstico emocional mudava de suave e pacífico para chuvas torrenciais e ventos fortíssimos.

Dr. Alan Loy Meginnis, em seu *best seller The Friendship Factor* (O Fator Amizade), fala sobre a importância de manter o clima emocional num relacionamento. Ele explica que cada pessoa traz consigo uma determinada carga emocional. Pode ser uma algo positivo, como quando dois amigos se encontram, ou – no caso de uma briga conjugal ou uma súbita mudança de temperamento – algo negativo. A pessoa que traz uma tendência destrutiva para a relação pode montar a cena para que o outro reaja da mesma maneira.

Segundo, *a autodefesa aumenta a hostilidade.* Tratar os pontos em debate aqui e agora, combater as lutas do dia com as energias daquele dia é bastante difícil. Mas, para culminar tudo isso, todos nós carregamos uma bagagem emocional para o casamento.

Antes que você se coloque na defensiva, entenda que ninguém teve uma infância perfeita. Todos nós crescemos com circunstâncias que nos fizeram sentir abandonados, inseguros ou incapazes de sermos amados. Todos nós temos "gatilhos" que nossos cônjuges podem puxar. Nós sabemos que somos "reativos" se nossas emoções a respeito de uma questão polêmica ultrapassam o que poderíamos esperar daquela questão.

Harville Hendrix, em seu livro *Getting The Love You Want* (Conquistando o Amor que Você Deseja), diz que nós carregamos para todo lado "paizinhos" em nossa imaginação. Ele diz que nós colocamos o rosto de nossos pais em nosso parceiro. Outros psicólogos chamam isso de *transferência* – atribuir para o nosso parceiro algo que realmente pertence a nossos pais. Não é preciso dizer que essa atitude pode arruinar os relacionamentos. Reagir emocionalmente a situações passadas e colocá-las na atual é embaraçoso e cria situações extremamente emotivas. Todos nós devemos desempenhar nossa atividade emocional, deixando claro quais questões pertencem a quem e mantendo-as fora do nosso casamento.[1]

Terceiro, *os egos ficam magoados.* Quando encaramos uma ameaça (ou uma sombra de ameaça), sempre mudamos para o estilo "*encare ou corra*". Quando alguém ataca algo que nós consideramos de alto preço – como, por exemplo, nosso ego – alguma coisa dentro de nós nos incita a agredir ou a fugir. Os homens são muito bons nisso. Nosso primeiro instinto é destruir o que nos ameaça ou fugir dele. Raramente levamos em conta as opções menos drásticas.

Nosso passado desempenha um importante papel para determinar como controlamos as dificuldades do presente. Aprendemos com nossos pais como controlar o conflito. Depois de vermos nossos pais se agredirem verbalmente, podemos ficar inclinados a usar algumas dessas mesmas táticas. Ou depois de ver e ouvir tantos conflitos em casa, podemos fugir do conflito como fugimos de uma epidemia.

Enquanto examinava a história de Bárbara, eu vi que o seu passado estava afetando o seu relacionamento atual com Thomas – embora ele certamente precisasse mudar algumas de suas próprias atitudes. Bárbara explicou que seus pais tinham se separado quando ela estava com 10 anos. Durante toda a provação, ela era arrastada para o intenso conflito dos pais. Como a mais velha de três filhos, Bárbara se tornou a confidente de sua mãe. Ela ouvia todos os detalhes obscenos das supostas aventura de seu pai. A mãe de Bárbara lhe disse várias vezes que seu pai era um mulherengo, em quem nunca se podia acreditar, e insistia que seus problemas conjugais eram inteiramente por culpa dele. Os pais de Bárbara sempre a usavam como uma garantia em suas brigas. Sua mãe esperava que Bárbara tomasse o partido dela – sem fazer perguntas. A mãe de Bárbara agredia seu pai com rancor. Embora Bárbara amasse seu pai profundamente, ela ouviu de sua mãe constantes histórias de traição, por muitos e muitos anos. Como resultado, Bárbara não tinha certeza do que era verdade e do que não era.

Hoje, muitos anos depois do divórcio, a mãe dela continua a nutrir muita amargura e ressentimento em relação ao pai de Bárbara. Mas ainda pior é o efeito que o divórcio teve sobre Bárbara.

Ela agora reconhece que se sentia incapaz para proteger seus irmãos mais novos da violência verbal que grassava na casa Além disso, por causa das suspeitas sobre a infidelidade do seu pai, Bárbara é incapaz de confiar inteiramente nos homens com quem ela tem se relacionado. Teme que eles eventualmente possam enganá-la, sem levar em conta suas convicções de fé.

Bárbara imagina que ela assimilou grande parte do negativismo de sua mãe e não pode avaliar as pessoas e os acontecimentos corretamente em função do que foi revelado em seu passado.

James Creighton, conferencista sobre conflitos e soluções, reconhecido internacionalmente, autor de *How Loving Couples Fight* (Como os Casais Apaixonados Brigam), diz: "A idéia de que nossos sentimentos são causados por fatores externos não é totalmente verdadeira. Ela é apenas uma peça do quebra-cabeça. As emoções que você vivencia são criadas pelo significado que atribui a esses acontecimentos. Você decide o que cada acontecimento significa para a sua vida".[2]

Lembro-me de um caso recente que me deixou completamente atordoado. Eu estava conversando com um amigo íntimo. Nós falávamos sobre alguma coisa tola e dois minutos depois eu estava a ponto de gritar. A conversa foi mais ou menos assim:

Christie: – David, você comentou com seu filho que eu gostaria de pintar minha casa, se ele ainda quiser o serviço?

David: – O que você quer dizer com "se ele ainda quiser o serviço?"

Christie: – Exatamente o que eu disse: se ele ainda quiser o serviço.

David: – Por que ele não iria querer o serviço? Eu disse a você que ele queria pintar sua casa.

Christie: – Por que você está tão na defensiva?

David: – Pela forma como você falou. Por que ele não iria ainda querer o serviço?

Christie: – Eu apenas não tinha certeza se ele ainda queria pegar este projeto. Ele algumas vezes muda de idéia sobre as coisas.

David: – Ele não muda de idéia sobre coisas como essa.

Christie: – Você já percebeu como está falando comigo?

David: – Bem, eu não gosto da idéia de que meu filho possa ser negligente neste acordo.

Christie: – Eu não estava insinuando que ele podia ser negligente.

David: – Tudo bem. Desculpe-me. Eu interpretei mal o que você disse. Perdoe-me por deixá-lo tão transtornado.

Observe como, de repente, eu estava pronto para brigar. Eu fiquei mal-humorado, questionador e na defensiva. Eu superprotegia meu filho e me identificava muito com ele. Felizmente eu tive consciência e observei como estava me comportando e parei por ali.

No passado eu não tomava decisões tão sábias. Em outras épocas da minha vida – muito mais do que eu gostaria de admitir – eu fazia o papel de exigente perfeccionista. Fazia críticas severas, mesmo quando isso não interessava àqueles com quem eu estava tentando me comunicar.

Quarto, *nós proferimos insultos para proteger o nosso ego.* Uma vez começada a guerra, vale tudo.

Por mais triste que seja esta realidade, cada um de nós tem feito parte dela. Deixamos de conquistar algumas pessoas porque ficamos na defensiva e nos sentimos ameaçados. Nós saímos de um tratamento amoroso para um estilo agressivo. Fomos feridos, então queremos ferir também. Nós nos sentimos traídos, então queremos trair.

Quinto, *em determinado momento, declaramos trégua.* Depois de terminada a batalha, alguém decide que essa luta armada entre os apaixonados é loucura. Alguém tem que acabar com esse morticínio emocional e agitar a bandeira branca.

Mas, com muita freqüência, declaramos a trégua só depois que ferimos os sentimentos um do outro. Às vezes, as feridas nunca saram. As palavras não podem voltar atrás. Os insultos atingem seu alvo, e o sofrimento pode durar uma vida inteira. Se você se encaixa nesse padrão, eu espero que esteja pronto a fazer o que for necessário para modificá-lo. A leitura deste livro é um poderoso começo para a modificação de padrões antigos e destrutivos. Nestas páginas, você vai aprender como fazer esta adaptação de modo mais rápido e mais eficiente.

O Efeito Dinamite

Há pouco tempo, passei de carro por uma estrada dragada recentemente na Washington's Cascade Range. Tendo visto o local poucos dias antes, eu não tinha certeza se estava na mesma situação quando retornei. Indignado, encostei o veículo na beira da estrada para olhar mais de perto. As enormes coníferas tinham sido cortadas, e os galhos das samambaias e mirtilos americanos estavam todos espalhados. Em seu lugar, enormes dragas tornaram a paisagem estéril e árida.

Antes que o equipamento pesado chegasse ao local da construção, porém, alguma coisa teve que preparar a terra para que ela pudesse ser removida. Os operários usaram dinamite para desprender e remover grande quantidade de terra solta e rocha, preparando o local para uma estrada que seria construída ao longo daquela região montanhosa. Num movimento rápido, alguém apertou o detonador, provocando uma explosão que partiu o solo em pedaços.

Fiquei curioso com a pessoa que estava controlando o detonador. Como ele deve ter-se sentido quando o impulso de uma alavanca devastou tanta vida? Será que ele imaginou que a terra devastada poderia nunca mais ser a mesma?

De igual forma, eu gostaria de saber sobre aqueles que decidem apertar o detonador num casamento. Será que eles têm noção do estrago que estão causando? Eles focalizam o objetivo imediato – propõem uma idéia para vencer um argumento – mas será que eles levam em consideração as conseqüências de suas ações de longo prazo? Eles não percebem que não podem retirar as palavras faladas na hora da raiva?

Exatamente como os efeitos da dinamite são repentinos e catastróficos, assim são os efeitos da língua. Eu tenho observado que muitas pessoas parecem peritas em provocar ações catastróficas com uma simples palavra. Com essa única palavra, uma avalanche de destruição interrompe a comunicação e provoca o conflito.

O Poder do Detonador

As pessoas apertam o detonador por várias razões. Uma das razões – talvez uma que não queremos olhar com tanta freqüência – é obter poder. O detonador detém muito poder.

Assim como os operários se sentem poderosos quando apertam um botão que lança toneladas de terra em todas as direções, também as pessoas se sentem poderosas quando detonam o conflito que impulsiona palavras e emoções em todas as direções. Apesar de quase todos nós dizermos que detestamos esses momentos, talvez também, intimamente, gostemos do controle que os acompanha.

Vamos rever Thomas e Bárbara e considerar a situação deles novamente, pela perspectiva do poder.

Tanto Thomas quanto Barbara exerciam um enorme poder em sua primeira consulta. Aquela grande interação acabou quando eles começaram a falar sobre a amizade que Thomas tinha no trabalho. Eles pararam de ouvir e partiram para o ataque.

Barbara sentiu o poder que alcançou ao acusar Thomas de alguma coisa abominável. Ela estava certa de que ele mantinha uma aventura, e nada podia convencê-la do contrário. Thomas, experimentando um sentimento de indignação e poder, defendeu-se energicamente. Ele chamou sua esposa de psicótica e a agrediu tão fortemente quanto ela o tinha agredido.

Observe o poder em ação neste encontro. Veja a posição que cada um ocupou. Observe a autodefesa. A autodefesa, comum em tantos relacionamentos, diz: "Você está errado. Eu não quero ouvir o que tem a dizer. Eu quero ter meu ponto de vista. É melhor você se calar".

Mas o manejo de poder e de autodefesa não funciona. Usar a força para derrotar seus adversários não é produtivo. Você pode silenciá-los, mas não cria um espaço para o amor. Os jogos de poder afastam todo o amor e a boa vontade do relacionamento.

Tiago fala sobre o poder quando diz: "De onde vêm as guerras e contendas que há entre vocês? Não vêm das paixões que guerreiam dentro de vocês? Vocês cobiçam coisas, e não as têm; matam e invejam, mas não conseguem obter o que desejam. Vocês vivem a lutar e a fazer guerras. Não têm porque não pedem". (Tg 4.1,2 – NVI).

Sim, todos nós cometemos homicídio quando usamos nossa força para detonar nosso cônjuge. Nós matamos seu espírito. Nós matamos sua estima. Queremos ter nosso ponto de vista por causa da ânsia de poder e estamos dispostos a usar as palavras para aniquilar nossos cônjuges a fim de conseguir esse ponto de vista.

O Jogo da Acusação

Uma outra maneira de usar nossa autoridade num casamento é acusar nosso parceiro. Cada um de nós conhece bem essa estratégia. Nós apontamos o dedo da acusação para todo lugar, exceto para nós mesmos.

Barbara acusa Thomas de traí-la. Thomas diz que Barbara está fora de si. Ambos desenvolvem lógicas para seus pontos de vista e não cedem. Eles são como cães com um osso, seus dentes firmemente cravados no local. Mesmo sem nenhuma carne no osso, não desistem dele por nada.

Quando colocam seus pontos de vista e sobe a adrenalina, Thomas e Barbara – ou talvez você e seu cônjuge – não conseguem encarar a questão por outras perspectivas. Quando estamos aborrecidos, reativos emocionalmente e muito indignados, nós não conseguimos desempenhar certas funções:

- ouvir o que se pede de você
- ficar atento ao que não está sendo dito
- admitir sua parte na luta
- ouvir o que poderia desencadear-se em você

Determinada acusação pode surgir como uma tentativa de resolver o problema, mas ela nunca é eficaz. Em um outro livro notável, *Don't Go Away Mad* (Não Vá Embora Zangado), o escritor James Creighton escreve:

> A necessidade de acumular culpa quase sempre começa com medo e autocensura, os mesmos atributos que atormentam a pessoa autodefensiva. Em seu nível mais básico, esse comportamento é uma tentativa de dissipar ansiedades que realmente vêm de longe, desde a

> infância. A parte mais constrangedora é que não há nada a fazer para resolver o problema, embora isso possa nos levar a crer que haja.[3]

Por muito tempo apeguei-me à idéia de que acusar os outros era um meio de tentar efetivamente acabar com o conflito. Lembro-me de uma briga que tive com um outro colega de turma, há anos, na universidade. Nós éramos amigos há algum tempo e estávamos trabalhando juntos num projeto importante. Sentindo um pouquinho de medo quando nos aproximamos da hora decisiva de entregar o trabalho, assumi a responsabilidade de marcar a data para a entrega. Também comecei a ficar aborrecido, cada vez mais, porque eu estava fazendo a maior parte do trabalho. Durante semanas fiquei muito zangado por causa do problema. Como o meu ressentimento continuou a crescer, percebi que tinha de enfrentá-lo. Organizei um caso que, de minha perspectiva, provava, de maneira convincente, que eu estava sobrecarregado demais.

Finalmente, com as armas carregadas, decidi que era a hora para um confronto decisivo. Estava tão convencido do meu ponto de vista que acreditei sinceramente que o colega não teria meios para contestá-lo. Apresentei meu caso de modo pouco diplomático. Para minha completa decepção, ele respondeu com uma dose igual de ressentimento. Eu não acreditei quando ouvi o que eu considerava um argumento pessimamente apresentado para defender sua opinião.

Enquanto trocávamos acusações, a tensão aumentou. Não tinha ocorrido a nenhum de nós que o outro estava se sentindo usado e um tanto amargo. Só depois que começamos a nos agredir e que nossas palavras duras fizeram um estrago, é que pudemos consertar aquele incrível mal-entendido. Eu aprendi lições inesquecíveis e dolorosas sobre culpa, percepção incorreta e ressentimento. Assim que me acalmei, comecei a ver que meus sentimentos tinham sido anuviados por outros, subjacentes, a respeito do projeto e por um grau considerável de insegurança sobre minha habilidade de manejar minhas próprias responsabilidades. No final, senti-me tolo e embaraçado. Eu havia cometido o erro de achar que culpar uma outra pessoa era a solução para o meu problema.

Creighton destrói essa idéia! Acusação, diz ele, é exatamente um outro jogo de força inútil; uma outra maneira de evitar as verdadeiras questões; uma outra perda de energia que poderia ser usada para resolver os problemas concretos.

Poder que se Aprofunda na Intimidade

Se a acusação não dá resultado, o que podemos fazer? Se a acusação separa as pessoas e constitui uma perda de energia, como podemos redirecionar estes sentimentos limitados de um modo produtivo?

Creighton mostra como podemos usar o poder em benefício da intimidade. Que tal se, em vez de lutar contra o seu parceiro, cada um de vocês use sua energia para combater o inimigo comum – o problema? Creighton destaca duas utilizações construtivas do poder num relacionamento.

Colocar as cartas na mesa

A primeira coisa é recomendar à outra pessoa que reconheça as emoções de ambas tanto quanto negocie as questões que são importantes para elas. Creighton diz: "É inteiramente apropriado usar sua influência ou poder para insistir que suas emoções sejam reconhecidas, que as questões importantes sejam dirigidas e que se busque um propósito. Também se deve ter em mente que existe uma diferença entre estes objetivos e insistir num propósito individual que possa lhe trazer uma vantagem".[4]

Resolver conflitos em grandes companhias envolve encarar os problemas de frente, clarificando os assuntos – o que chamamos de "colocar as cartas na mesa".

Incentivo os casais a tratar objetivamente o problema em vez de agredir o outro. Insisto com eles sobre a importância de esclarecer a questão. Também insisto em que eles reconheçam que as pessoas têm o direito a seus próprios pontos de vista. Até mesmo os casais não têm que necessariamente concordar ou pensar do mesmo modo. Alcançar e entender isso é difícil para muitos casais. Quando uma pessoa ameaça ou obriga a outra a ceder, o desequilíbrio de poder resulta numa situação de "vencedor e derrotado". Sair-se bem pode parecer uma vitória naquele momento, mas a boa vontade, benevolência e confiança se perdem, e em breve o casamento estará com sérios problemas. A coação nunca é benéfica, mas os cônjuges deveriam expressar suas necessidades e emoções legítimas. O martírio não tem espaço num relacionamento saudável. *Quando Agradar os outros Magoa Você* (o título de um recente livro meu) significa que está com problemas. A menos que você traga suas idéias e desejos sinceros para a "mesa", você acabará se sentindo incompreendido e ressentido.

Um Processo Justo

Creighton explica que a segunda maneira de usar o poder legítimo é insistir num processo que seja justo para as duas pessoas. Ele explica que ambos devem ter acesso à mesma informação e à mesma oportunidade de influenciar no resultado.

Por exemplo, um dos cônjuges está usando um processo injusto quando ele ou ela usa a sua família para unir-se contra o outro. Usar a coação ou a intimidação para fazer o outro concordar não é um processo justo. Quando você usa a autoridade com responsabilidade, expressa o que sente, pensa e deseja, e permite – até encoraja – que seu cônjuge faça o mesmo.

Como seria a situação de Barbara e Thomas se eles tivessem seguido essas regras?

- Em vez de argumentar um com o outro se Thomas estava tendo ou não uma aventura, eles deveriam concordar em criar um ambiente em que ela pudesse confiar nele.
- Em vez de Thomas ficar na defensiva e ofender Barbara, ele deveria admitir seus sentimentos, atacar o inimigo comum a eles dois – a desconfiança – e ajudá-la a procurar as soluções.
- Tanto Thomas quanto Barbara deveriam compartilhar seus sentimentos, perguntando um ao outro o que queriam saber sem medo de represália e sem acusação recíproca.
- Em vez de usar generalizações grosseiras como "sempre" e "nunca", deveriam ter cuidado de fazer afirmações exatas que refletissem como eles viam as coisas.
- Eles deveriam fazer um trabalho melhor de harmonização sobre a questão que está sendo discutida e permanecer no assunto.
- Em vez de perder seu humor e lançar repreensões contra o outro, eles deveriam concordar em "dar um tempo" quando as coisas se tornassem quentes demais.
- Eles deveriam admitir suas diferenças e seu direito de tê-las.

Regras de luta moderada são quase sempre difíceis de seguir. Ninguém quer ser racional no calor do momento. Nós preferimos apertar o detonador e deixar que os pedaços voem pelos ares. Mas, na conseqüência, lamentamos nossas ações e as palavras que dissemos sem reflexão.

O que É Previsível Pode Ser Evitado

Até mesmo com as melhores regras os conflitos acontecem. Conflitos incontroláveis, perigosos, terríveis. Com muita freqüência, deixamos as advertências de lado e apertamos o detonador. Lembre-se apenas de que, se você tomar aquele caminho, precisa estar preparado para aceitar as conseqüências. E elas não serão agradáveis.

Para uma aproximação mais produtiva, tente novos recursos. Leve em conta que o conflito, por ser previsível, pode ser evitado. Observando como você e seu cônjuge costumam brigar, você pode alterar o resultado.

Isso é certo. Espere os exemplos em seus conflitos. Examine meticulosamente a lista de erros graves que os casais cometem, assinalando aqueles que se adequam a você e a seu cônjuge, e admita mudá-los. Depois que você e seu amado tiverem planejado minuciosamente seus padrões, estarão aptos a praticar uma técnica muito poderosa chamada *interrupção de padrão.* O propósito desta técnica é alterar o padrão. Como você o altera não é tão importante quanto fazê-lo realmente.

Por exemplo, se seu costume é apertar o detonador, faça um acordo com seu cônjuge de dar uma pequena parada antes de falar sobre um assunto que mexa com as emoções. Se seu cônjuge sempre "estoura", peça a ele ou a ela que acompanhe você a uma parte diferente da casa antes de prosseguir com a discussão. Talvez você e seu cônjuge possam fazer uma breve oração antes de ter qualquer conversa que já sabem que vai ser "quente". Um versículo particularmente útil para ser lembrado nesses momentos é Efésios 4.29: "Não saia da vossa boca nenhuma palavra torpe, mas só a que for boa para promover a edificação, para que dê graça aos que a ouvem".

Como conselheiro, acho essa passagem vital. De fato, ela poderia ser a advertência mais útil que já encontrei, em termos de comunicação, especialmente quando relacionada a apertar o detonador. Se os casais aderirem ao conselho de Paulo, ele pode mudar literalmente a direção de um relacionamento: de desastrosa para prazerosa.

Imagine o que poderia acontecer se Bárbara e Thomas apenas usassem palavras saudáveis, benéficas e edificantes. O que poderia acontecer se eles tirassem do seu vocabulário as palavras nocivas? Thomas certamente não se envolveria com xingamentos, nem atingiria Bárbara de modo algum. Da mesma forma, Barbara nunca o criticaria severamente com acusações injustas; em vez disso, ela mudaria seu enfoque para aquelas coisas que intensificam – em vez de prejudicar – seu relacionamento.

Ambos deviam prevenir-se quanto ao uso de palavras que não têm outro propósito a não ser agredir e destruir.

Bárbara e Thomas tinham algumas tarefas bem difíceis de cumprir. Eles tiveram que interromper padrões indevidos que haviam aprendido com seus pais. Começaram a praticá-las diminuindo o ritmo de seus argumentos e ouvindo cada um, atentamente, o que o outro sentia. Eles faziam um esforço de se agradar mutuamente quando seus problemas saíam do controle, usando generalizações para descrever as ações um do outro. Eles procuravam não apertar o detonador. Eventualmente conseguiam encontrar soluções que faziam efeito para ambos. Thomas mudou seu esquema, de modo que Bárbara não sentisse ciúme. Ele passou a compartilhar mais de sua vida profissional para que ficasse informada do que estava acontecendo lá. Enquanto isso, Bárbara fazia um esforço para confiar em Thomas, porque seu comportamento mudara.

O que fez efeito para Bárbara e Thomas pode não funcionar para você. Não há uma receita única para todos. A chave é ter sempre disposição para tentar algo novo. Observe os padrões destrutivos e trabalhe para mudá-los. Faça experiências com recursos construtivos diferentes e certamente encontrará um que faça efeito para você.

Mas, e se você for o único que está lendo este livro? A situação é um caso perdido? É evidente que não. Lembre-se apenas de que a única pessoa a quem você pode mudar é você mesma. Então, por que não começar deste ponto? Por que não fazer um ajuste no modo como você interage com seu cônjuge para ver o que está acontecendo?

Enquanto você observa os padrões, examine seu papel nos problemas. Observe se você aperta o detonador e identifique o que causa a sua mudança. Observe também como você reage quando é o seu cônjuge que faz isso. Então mude sua reação.

Tente Ser Tolerante

Por que apertamos o detonador? Na realidade, essa pergunta tem muitas respostas. Basicamente, porém, nós a fazemos porque, como diz Tiago, buscamos nossos interesses. Nós exigimos ser compreendidos. Nós exigimos que os outros concordem conosco. Sim, nós *exigimos*.

Mas, em vez de exigir e impor suas idéias, impacientemente, que tal se você exercitasse a paciência? E se você orasse pedindo a Deus que mude o seu coração de modo que você seja mais amável com aqueles a quem ama? E se você pedir a Deus que o ajude a compreender o íntimo do seu cônjuge? E se você orar para obter o fruto do Espírito e praticá-lo?

Observe o que o apóstolo Paulo disse. Em vez de obras da carne, que abrangiam "inimizades, contenda, ciúmes, ira, pelejas, dissensões, facções, se nós praticarmos o oposto? Mas, em contraste, o fruto do Espírito é: amor, alegria paz, paciência, amabilidade, fidelidade, bondade, mansidão e domínio próprio. Contra estas coisas não há lei." (Gl 5.19-22 – NVI). Em vez de apertar o detonador, experimente clamar por tolerância e certamente você alcançará o fruto do Espírito.

Experimente pedir a Deus que lhe mostre aquilo que você é capaz de suportar na sua convivência. Que abra seus olhos sobre as qualidades que você traz para o seu casamento e abra seu coração para as estratégias que vão aperfeiçoá-las. Você é apenas a metade da equação, mas é uma metade, e uma mudança positiva pode começar com você.

Capítulo Três

Pare de Fingir que não Percebe:

Fugir dos Problemas Pode Prejudicar seu Casamento

E eu pedirei ao Pai, e Ele vos dará um outro Consolador para estar convosco para sempre – o Espírito da verdade.
– João 14.16

Então você decidiu não apertar o detonador. A destruição que ocorre quando um ou ambos os cônjuges detonam explosivos emocionais é óbvia. A dor aguda que resulta do sarcasmo, dos xingamentos e outros hábitos terríveis causa um sofrimento que as pessoas provavelmente não vão perdoar ou esquecer tão cedo. Embora você possa sentir isso momentaneamente, um leve sentimento de revanche quando faz críticas severas contra o seu parceiro, você sabe que terá em suas mãos um enorme trabalho de eliminar as forças de resistência. O estrago simplesmente não vale o preço.

Mas, o que dizer da força destrutiva de um hábito com finalidade oposta? Em vez de fazer tempestade em copo d'água, ou seja, tornar o problema ainda maior, algumas pessoas fazem de conta que o problema não existe. Esse grave erro é semelhante a ouvir os gritos dos elefantes dentro de uma sala, insistindo que se trata apenas de um estrondo distante. Ignorar os problemas pode ser tão destrutivo para o casamento quanto fazer explodir conflitos sem importância de maneira desproporcional. Dê uma olhada.

Gene e Shirley pareciam um casal muito simpático. Eles vieram para a entrevista inicial de mãos dadas e sorrindo animadamente. Ele era um homem forte, que usava botas de *cowboy*, uma brilhante fivela prateada no cinto e uma camisa *western* de mangas compridas. A única coisa que faltava em seu conjunto era o chapéu. Seu aperto de mãos e seu cumprimento foram efusivos. Seu modo de agir não demonstrava a má vontade que a maioria dos homens costuma demonstrar na sua primeira sessão de aconselhamento.

Shirley também foi cordial e amistosa. Ela estava vestida modestamente, tinha os cabelos louros caídos nos ombros e usava uma saia curta. Seu batom vermelho combinava com as unhas.

Gene e Shirley estavam ambos em seu segundo casamento. Sua ficha mencionava que eles estavam tendo "uns probleminhas" que queriam resolver. Seus primeiros casamentos tinham sido maçantes, acabando quando seus parceiros os deixaram por outra pessoa. Cheios de amargura e desconfiança, ambos ficaram sozinhos até se encontrarem no grupo de solteiros de sua igreja. Foi amor à primeira vista, e eles se casaram meses depois.

"Por que esperar?", Gene respondeu quando eu perguntei sobre seu primeiro encontro. "Eu percebi que ela era a namorada ideal para mim".

Agora, aos quarenta anos, Gene e Shirley sem dúvida se importavam um com o outro. Eles procuraram esta sessão como se nada de grave estivesse acontecendo, e eu também comecei a sessão com o mesmo ponto de vista – embora minha opinião logo mudasse.

– Então, digam-me o que os trouxe aqui – disse.

– Bem – Shirley começou, como experiência, sorrindo para Gene. – Nós temos um ótimo relacionamento. Mas eu acho que Gene talvez tenha um problema.

– Não no que me diz respeito – Gene replicou, sorrindo para ela. – Eu não acho que seja alguma coisa que não possamos resolver, mas Shirley insistiu que viéssemos aqui para uma ou duas sessões. Sem querer ofender, Doutor, mas não acredito muito em psicólogos. Acho que podemos resolver nossos próprios problemas. Mas vou experimentar, se a minha amada quer assim.

– Acho isso muito bom, Gene. Deve ter acontecido alguma coisa para você concordar em vir aqui.

– Não mesmo! Ela quis isso – Gene se esticou e deu uma pancadinha no joelho de Shirley.

Sentei-me, calado, esperando por eles, para tentar descobrir a verdadeira situação que os fez procurar aconselhamento. Ambos pareciam relutantes em compartilhar qualquer coisa. Finalmente, quebrei o silêncio.

– Então, que tal problema é este que precisa da nossa atenção?

– Gene gosta de jogar *blackjack* no cassino – Shirley deixou escapar. – Eu acho que isso é um problema. Ele não acha.

– Mais ou menos uma vez por semana, eu gosto de ir ao Lucky Eagle e jogar cartas. Eu controlo meus gastos.

– É só isso mesmo? – Shirley perguntou.

– No que me diz respeito, sim.

– Você não concorda, Shirley? – perguntei.

– Não exatamente. Ele quase sempre acaba ficando a noite inteira. Quando as coisas estão melhores, vai duas vezes por semana. Ele "torra" a maior parte do seu pagamento, e nós não temos dinheiro para isso.

Gene se encrespou.

– Quando foi a última vez em que eu gastei meu dinheiro nas mesas de jogo?

– Lembre-se de três semanas atrás quando liguei para o seu celular, e você ainda estava jogando cartas às 11 horas?

Gene fez o que pôde para desconsiderar a crítica de Shirley.

– Isso não acontece sempre. Eu concordei em controlar as coisas e tenho feito isso.

Shirley me olhou e estremeceu.

– Isso não lhe parece um problema? – ela perguntou.

– Eu não ouvi o suficiente para fazer este tipo de afirmação – respondi.

– O mais importante é se você acha que há um problema.

Tendo dito isso, fiquei na dúvida se era verdade. É possível que um casal consiga detectar se está com um problema? Ou alguém fora do relacionamento deve dar uma opinião sobre o que poderia ser melhor? Quando fico doente, eu sei que não sou a pessoa mais indicada para identificar o que está me incomodando.

– Ele não acha que isso é um problema – disse Shirley – e eu não tenho certeza. Ele diz que jogar é só parte da socialização com seus amigos. Como nós vamos saber o que está certo?

– Eu sugiro que a gente examine mais de perto a situação. Talvez possamos chegar a uma conclusão se este é ou não um problema que precisa ser considerado. Eu gastei o resto da sessão explorando tanto o relacionamento do casal quanto o "problema" com mais detalhe. O que descobri me surpreendeu.

Gene era um jogador habilitado em apostas e alcoólatra. Ele não só gostava de jogar *blackjack*, como tinha admitido no início, mas também gostava de outros jogos de azar. Muitos sábados, ele ficava apostando em corrida de carro. Depois de muito relutar, admitiu que havia gastado uma boa quantia em apostas e que isso tinha pesado muito no fracasso do seu primeiro casamento, embora ele enfatizasse que o relacionamento havia acabado porque sua esposa se apaixonara por outro homem.

Também fiquei surpreso com a reação de Shirley. Quando a verdade veio à tona, ela parecia querer dar apoio ao marido. Não demonstrou muita preocupação por seus problemas com o jogo e disse que estava orgulhosa dele por concordar em comparecer à sessão. Ela comentou que Gene não tinha gastado um único cheque em jogos durante todo o mês passado ou mais. Ela saiu de sua condição de acusadora para evitar ser demasiadamente crítica em relação ao comportamento dele. Ela estava claramente permitindo seu vício.

Fico alarmado quando vejo o tipo de comportamento permissivo que Shirley demonstrava em relação ao vício de Gene. Alguém pode ver as suas justificativas para as atitudes de Gene como exemplo de amor e tolerância, mas eu acho justamente o contrário, para ser sincero. Passar por cima de um problema que prejudica a vida e ameaça o casamento equivale a não se importar quando seu filho diabético sempre se recusa a tomar sua injeção de insulina. Nós nunca deixaríamos nossos filhos assumirem esse tipo de comportamento autodestrutivo, mesmo que estejamos dispostos a procurar outro caminho quando nossos cônjuges se recusam a assumir a responsabilidade por seus atos catastróficos.

Eu posso prontamente ouvir as justificativas. "Mas, Dr. Hawkins, eu não posso mudar o comportamento do meu cônjuge. Eu tenho que deixá-lo solucionar seus problemas por conta própria".

Tenho me dedicado minuciosamente a esse tipo de comportamento permissivo em livros anteriores, inclusive *When Pleasing Others Is Hurting You* (Quando Agradar aos outros Magoa Você). Eu tenho demonstrado claramente a diferença impressionante entre tentar controlar o vício ou um comportamento destrutivo de uma outra pessoa e "enterrar sua cabeça na areia" para ignorar a situação. Ambos são comportamentos extremos e sem bons resultados.

Resta apenas uma solução: é preciso falar a verdade com seu cônjuge e dizer claramente como você vê o problema e o impacto que está causando em você e sua família. Então, deixe clara as suas expectativas. Não há outra opção. Você deve manter seu parceiro responsável por suas ações. Esperar qualquer coisa menos do que isto é classificado como co-dependência, e, a despeito de seus desejos em contrário, só intensifica o problema. Ignorar as coisas que precisam ser tratadas nunca é a solução. Apenas piora a situação.

Quando descobri a gravidade dos problemas de Gene e Shirley, percebi que teria pouco tempo com eles – talvez esta única sessão – para obter algum resultado, porque ambos estavam envolvidos demais em negar o problema. Os dois viam isso como uma questão de pouca importância, que eles podiam resolver facilmente. Nenhum dos dois queria sair daquela situação porque estavam acomodados. Ambos cuidadosamente evitavam usar a palavra vício para descrever a jogatina de Gene. Se eles admitissem a situação, era praticamente certo que uma medida séria precisaria ser tomada – e eles não estavam preparados para tomar essa medida.

Como partilhei com eles que havia percebido o problema e sua natureza invasiva e debilitante, eu pude ver Gene e Shirley deixarem a sala tocados emocionalmente. Eles não queriam ouvir o que eu tinha a dizer. Embora Shirley tivesse dito que estava interessada numa opinião profissional, ela não queria ouvir a verdade. Eu imaginava que Gene tinha ouvido muitas vezes que a bebida e o jogo podiam arruinar a sua vida, a menos que ele tomasse providência. Mas, até agora, ele não tinha chegado ao fundo do poço, ainda não tinha perdido as esperanças. Até aquele momento, sua vida não havia desmoronado o suficiente para que ele desejasse uma mudança significativa.

Quando eles saíram do meu consultório, prometeram analisar o que eu disse – que eles precisavam passar por mudanças profundas, ou enfrentariam sérias conseqüências no futuro. Conversei com eles, da maneira mais diplomática possível, e que contornar aquelas questões evidentes, não lhes faria bem. Eles precisavam de uma cirurgia mais abrangente se é que queriam extirpar o câncer do seu casamento.

Incoerência

Enquanto observava Gene e Shirley em meu consultório naquele dia, o alto nível de negação dele não me surpreendeu tanto quanto a aparente ingenuidade de Shirley. O que ela estava pensando? Como é que ela podia ter conhecimento de tudo aquilo e não admitir quão sério era o problema deles?

Além de sua negação e "ingenuidade", a incoerência entre suas palavras e suas emoções me chocou. Desde sua decisão em receber uma opinião profissional até sua rápida saída de meu consultório, ela mostrou uma incoerência irritante.

Lembro-me de conversas que tive com uma colega de profissão que trabalhava num consultório de oncologia como assistente social. Alguns de seus pacientes chegavam sérios e com muito medo. Eles precisavam voltar a acreditar que os médicos fariam todo o possível por seus pacientes. Outros pareciam estranhamente alheios ao tratamento. Eles chegavam sorrindo, como se estivessem vindo encomendar um carro novo e não tivessem nada com que se preocupar. Sempre que ela via esse comportamento, sabia que teria dificuldade de transpor sua negação de modo que eles pudessem dedicar-se genuinamente ao problema que estavam enfrentando.

Eu presumi que Shirley se sentia insegura em relação a seu marido e seus atos. Para que não sejamos críticos demais em relação a Shirley, devemos lembrar que todos nós enfrentamos uma incoerência absurda. Com muita freqüência, dizemos que acreditamos em algo, mas fazemos uma coisa inteiramente diferente. Aprontamo-nos corajosamente para enfrentar um problema para depois nos afastarmos com medo. Como Shirley, anunciamos que estamos prontos para lutar pelo que nós cremos, mas nos retraímos porque o custo da mudança é alto demais. Montinhos são muito mais fáceis de escalar do que montanhas, ou seja, vencer obstáculos insignificantes é mais fácil do que grandes problemas.

Rã no Caldeirão

Como observei que Gene e Shirley estavam caminhando em direção a uma calamidade, pensei na velha história da rã no caldeirão.

Um grupo de rãs foi jogado num caldeirão de água fervendo. Usando um raciocínio perfeito, elas pularam imediatamente para se salvar. Não precisaram de um grupo de discussão ou uma reunião de conselho para chegar a essa decisão. Sua dor era aguda e instrutiva. "É melhor nós cairmos fora agora se quisermos permanecer vivas" – disseram.

Mais tarde, estas mesmas rãs foram colocadas num caldeirão com água fria. Logo algumas começaram a notar um aumento gradativo na temperatura.

Primeira rã: – Eu acho que está ficando quente aqui.

Segunda rã: – Você está imaginando coisas.

Terceira rã: – É apenas a temperatura ambiente. Nós estamos muito bem.

Primeira rã: – Bem, eu podia jurar que está esquentando, mas pode ser que você esteja certa.

Continuando a história, a primeira rã escolhe acompanhar o grupo. As rãs se esqueceram do perigo e da possibilidade de morrer.

Estudos realmente parecem reforçar essa fábula. Durante meus estudos na Faculdade de Psicologia, aprendi sobre animais que ficavam em estado letal quando o perigo se aproximava aos poucos.

Quando você analisa a situação de Gene e Shirley, ou talvez a das rãs, pode achar que está imune. Pense novamente. Pergunte a si mesmo se seu casamento enfrenta problemas que você espera que desapareçam miraculosamente. Considere como estas situações possíveis de "rãs no caldeirão" poderiam aplicar-se a você ou a seu parceiro:

- vendo pornografia
- gastando excessivamente
- exercitando-se em excesso como um modo de fugir da depressão

- "pisando em ovos" para evitar aborrecer o outro
- arranjando desculpas para seu parceiro pelo uso de álcool
- trabalhando excessivamente
- suspeitando de infidelidade, mas ficando com medo de falar sobre o assunto
- comendo muito e depois vomitando, mas negando o problema
- evitando encarar uma degradação no relacionamento sexual

Você vai encontrar "rãs no caldeirão" em qualquer lugar onde encontrar negação, minimização ou fuga de um problema. Deixar de assumir completa responsabilidade pelos problemas com certeza leva a problemas maiores posteriormente.

Pergunte a si mesmo: *Que áreas do meu casamento procuro evitar? Que problemas preciso encarar hoje?*

O Prazer da Negação

Fugir dos problemas sérios é muito perigoso para os casais. Então alguém pergunta por que a negação é tão desenfreada. As pessoas raramente são capazes de compreender a negação no momento em que ela acontece. Só no retrovisor podemos ver a força e o estrago do processo de negação. Afinal, quando estamos negando, não aceitamos a força do problema. Nós estamos cegos demais por causa da neblina para ver qualquer coisa claramente.

Sempre ouço as pessoas recordarem sobre suas vidas, analisando que estavam tão fascinadas com uma situação especial ou uma pessoa, que não puderam enxergar o lado negativo delas durante meses, até que se viram completamente envolvidas no problema. A mulher que fica desarvorada por causa de um homem que ela julga especial, às vezes, percebe que projetou nele muitos traços maravilhosos de caráter, porque ela queria, na verdade, um cavaleiro de branco. Mais tarde, quando a realidade se manifesta, percebe sua presunção e egoísmo, e o ofende por isso. A realidade finalmente se choca com as barreiras da negação.

A negação teve sua mais forte demonstração na minha vida há mais de 20 anos, quando eu estava fazendo doutorado. Tomei a decisão de voltar à faculdade com total apoio de minha família. Mas eu não podia ver então, como eu vejo agora, os efeitos devastadores que a faculdade e o meu vício em trabalho teriam sobre mim e as pessoas a quem eu amava.

Quando finalmente decidi voltar à faculdade, senti que deveria continuar a trabalhar para que minha família pudesse desfrutar de um padrão de vida razoável. Contudo, eu resolvi trabalhar no meu consultório de aconselhamento na parte da manhã até à tardinha, seis dias na semana. Como as tarefas da faculdade e do trabalho aumentaram, ignorei os efeitos negativos traiçoeiros para a minha saúde, meu casamento e minha família. Arranjei muitas justificativas para trabalhar tanto – todas as formas e tipos de negação.

Eu disse a mim mesmo e à minha família – quase que obrigado – que o meu trabalho árduo era para eles, não para mim. Iludia-me acreditando que meu compromisso de trabalhar era correto e me orgulhava das longas horas que gastava trabalhando.

Eu não tinha limites. Quanto mais árduo o trabalho, mais queria trabalhar. Meu comportamento se tornou um vício. Subjuguei-me completamente – e consequentemente, a minha família à força e à influência de trabalhar mais horas e ganhar mais dinheiro. Durante todo o tempo, dizia a mim mesmo que estava me sacrificando por amor à minha mulher e meus filhos. Este era um ato incrível de enganar a mim mesmo, porque eu estava, na realidade, apenas tentando me agradar e impressionar a mim mesmo. Como Tio Patinhas, com seu monte de moedas de ouro, eu contava as horas em que trabalhava e o dinheiro que ganhava.

Os amigos e membros da família tentaram me avisar sobre trabalhar e estudar tanto, mas recusava-me a ouvir. Eu queria trabalhar horas a fio – queria provar para mim mesmo e para os outros que podia fazer isso. Queria ganhar tanto dinheiro quanto possível e levar meu corpo ao limite. Eu estava cheio de mim mesmo e cheio de negação.

Agora recordo-me com grande pesar daqueles anos passados. Embora tenha realizado muito, também perdi muitos momentos especiais na infância de meus filhos. Perdi muitos jogos, encontros de pais e mestres, e deixei de cobrir meus filhos na hora de dormir. A barreira entre mim e minha família era enorme. Minha saúde diminuiu, meu casamento sofreu e minha vida espiritual se tornou vazia.

Hoje olho para trás com tristeza e arrependimento, porque tenho profunda consciência de que meus filhos não davam muita importância a dinheiro – eles só queriam mais tempo com seu pai. Eles reagiam às minhas ausências prolongadas tornando-se muito apegados algumas vezes e distantes em outras. Meu filho mais novo, Tyson, ficava acordado até tarde da noite esperando que eu chegasse do trabalho para que pudéssemos orar juntos. Nessa ocasião, eu ficava grato por aqueles momentos preciosos, mas agora percebo que meu egoísmo colocava um peso injusto sobre ele. Meu filho sentia a minha falta e sacrificava o sono para ficar uns poucos minutos comigo. Se pelo menos eu tivesse disposto a dar o mesmo...

A distância entre nós sempre se tornava difícil de manejar. Nas noites em que eu estava em casa, meus filhos, às vezes, até me tratavam como um convidado inesperado. De vez em quando, a conversa durante o jantar parecia reprimida como se eu estivesse interrompendo o curso natural da família. Eles tinham um ritmo, e eu não estava incluído. Quando eu estava por perto, a vida ficava embaraçosa para todos nós. Posso até mesmo recordar tempos quando meus filhos poderiam dizer: "Pai, o que você está fazendo em casa?", como se eu não pertencesse à família. Eu recuei diante da possibilidade de acontecer isso". Eu quero passar mais tempo com minha família" – reagi magoado e aborrecido, simultaneamente.

Será que as coisas tinham regredido a ponto de meus filhos estarem inseguros do papel de seu próprio pai na família?

Meu filho mais velho, Josh, substituía a minha presença com atividades fora. Naquele momento, eu disse a mim mesmo que seu interesse pelos esportes e outros passatempos era saudável. Agora eu vejo o quanto ele precisava de um relacionamento saudável com seu pai. Em vez de praticar beisebol comigo, ele passava o tempo no parque com o pai de alguma outra pessoa. Em vez de jogar futebol comigo no quintal, ele arranjava companhia através dos *videogames* em nosso porão.

O impacto sobre o meu casamento foi imensurável. Eu tentei abrandar a raiva da minha esposa insistindo que minhas ausências não precisavam ter um efeito negativo em nosso relacionamento. Este era, com certeza, um argumento ridículo. Como poderia nosso relacionamento ser normal e saudável quando eu nem mesmo estava lá para participar dele? Eu fiz acordos e mais acordos com ela, prometendo reduzir minha semana de trabalho. Estava como um alcoólatra, que tenta fazer tratos sobre bebida. Ela tentava barganhar comigo, embora suas palavras jamais tivessem nenhum impacto. Promessas feitas tornavam-se simplesmente promessas quebradas. O resultado inevitável foi um afrouxamento dos vínculos que nos mantinham juntos. O riso já não fazia parte de nossas vidas. Em vez disso, uma tensão traiçoeira parecia estar sempre escondida nas sombras.

Deus também teve menos de mim. Já que eu estava ausente de mim mesmo, dificilmente poderia estar presente por inteiro para minha esposa, meus filhos ou meu Deus. Eu ainda amava ao Senhor, mas dei a Ele apenas as sobras da minha vida. Assim como eu tinha feito com minha esposa, também fiz promessas a Deus. E, é claro, quebrei as promessas sem pensar duas vezes. Diminuí meus momentos de oração, limitei meus estudos da Bíblia, e comecei a dar lugar a outro deus – o trabalho. A cada momento eu ficava mais esgotado interiormente.

Infelizmente meu vício por trabalho não diminuiu, até mesmo quando comecei a compreender seu impacto. Absorvido inteiramente pela minha negação, ignorei as confrontações de minha família. Só quando meu corpo começou a gritar por socorro, anos mais tarde, adquiri uma compreensão maior dos efeitos do trabalho compulsivo. Só então é que admiti que não conseguiria trabalhar no ritmo que vinha mantendo por tantos anos.

Eu não me entreguei às limitações naturais sem lutar. Eu lutava como um pugilista, já depois de passados os seus melhores momentos. Por muito tempo, senti que meu corpo estava me traindo. Como eu ainda podia querer trabalhar tanto, mesmo me sentindo incapaz de fazer isso por causa de limitações físicas? Minha capacidade de resistência tinha acabado e minha necessidade de dormir e descansar aumentou – acontecimentos normais que eu tinha ignorado desde o início. Eu até me indispus com outras pessoas que conseguiam trabalhar por longas horas sem aparentes efeitos colaterais. Isso não era justo.

De certo modo, eu era como um mergulhador em mar profundo, tão fascinado com o mergulho que não levei em conta minha falta de orientação e "me esqueci" de prestar atenção ao sinal para retornar à superfície em busca de oxigênio. Esses mergulhadores são supercentrados, mas nas coisas erradas. Eles calculam mal o seu tempo de permanência. Essencialmente não conseguem ser honestos com eles mesmos. Quando estamos ocupados tentando abstrair e fugindo de nossos problemas, nós não estamos nos dedicando ao objetivo imediato, e os resultados podem ser desastrosos.

Felizmente, atendi ao sinal. Eu fui forçado a mudar meu estilo de vida para salvar meu relacionamento com a família – mas não sem os resquícios de anos de negligência.

Habitualmente, o fracasso nos dá uma bofetada, às vezes até antes que a gente aprenda uma lição: *este caminho vai causar grande desgosto se você não mudar seu comportamento.* Se continuarmos nos enganando, como se os problemas fossem apenas probleminhas, sem dúvida vamos encarar conseqüências tremendas.

A Dança da Artimanha

Embora possamos prontamente concordar que a honestidade é a melhor política, ainda resistimos à idéia. Nós continuamos a nos esquivar de conversar com nosso cônjuge de maneira honesta e direta. Desde o fracasso no Jardim, nós temos nos escondido.

Deus procurou ter um encontro honesto com Adão e Eva, mas eles estavam tão ocupados com acusações que nunca falaram abertamente sobre a questão do pecado. Acho que as pessoas sempre relutam em falar a verdade. Estamos fadados a tentar sempre nos apresentar sob o melhor prisma. Parece que está entranhada em nós a natureza de ver os outros como culpados e a nós mesmos como vítimas. Com essa postura, a verdade não tem chance.

Como eu conduzo incontáveis horas de aconselhamento matrimonial, vejo evasivas pessoais e histórias inventadas em sua dança da artimanha. Eles geralmente não querem passar por mudanças. Antes, esperam que as outras pessoas mudem para irem ao encontro de suas necessidades. Eles não querem dar destaque à sua parte no problema – só querem enfocar como as outras pessoas as têm punido injustamente. Querendo uma solução fácil, eles não dialogam maduramente sobre a sua relação e não têm consequentemente condições de resolver seus problemas em comum.

Tire um tempo para refletir sobre seu próprio casamento. Até que ponto você está querendo realmente partilhar com seu cônjuge? Até que ponto você é sincero sobre os problemas do seu relacionamento? Você costuma com facilidade se responsabilizar pelas coisas erradas? Com que facilidade você pede perdão? Eu acho que você vai concordar comigo que a franqueza no casamento é um artigo raro.

Sam Kenn, em seu livro *To Love and Be Loved* (Amar e Ser Amado), afirma:

> O amor é o movimento original e o único com discurso livre duradouro. Ele destrava a língua, permite-nos falar sobre qualquer coisa, cria uma linguagem saudável. A verdade, toda a verdade, e nada mais que a verdade nunca é dita no tribunal. Ela só pode ser dita dentro de um santuário criado por aqueles que se importam um com o outro incondicionalmente.[1]

Apenas aqueles que se importam um com o outro de maneira incondicional podem falar a verdade mutuamente. Nós falamos a verdade quando temos o poder de Deus atuando em nossas vidas.

"Se andarmos na luz, como ele na luz está, temos comunhão uns com os outros, e o sangue de Jesus, seu Filho, nos purifica de todo pecado" (1 Jo 1.7).

O Poder da Co-dependência

Shirley não queria realmente saber a verdade sobre o problema de Gene. Afinal de contas, ela tinha fracassado no amor antes e temia que pudesse fracassar novamente. Suas feridas finalmente estavam começando a sarar, agora que ela havia encontrado alguém que se preocupava com ela e que jurou nunca deixá-la. Mas o cuidado e a devoção de Gene vieram com um preço.

Por causa do seu desejo de se sair bem – amar, estar apaixonada e viver feliz para sempre com seu cavaleiro com armadura reluzente – ela se recusava a ver um amassado na sua armadura. Ela se recusava a ver o que era evidente para a maioria dos observadores de fora. A despeito de todas as suas características positivas, o relacionamento de Shirley com Gene era dominado pela sua co-dependência.

Co-dependência é qualquer tentativa de ignorar e, desse modo, reforçar as fraquezas do outro. Seu mundo de co-dependência significava que ela escolheu não enxergar completamente a verdade sobre o vício de Gene em jogo e bebida alcoólica.

Permitir a co-dependência no casamento é um erro grave. Essa é uma atitude que tenta minimizar o problema. Ele ignora um câncer em vez de procurar a cura. Ele deixa marido e mulher incapacitados de ter intimidade, porque não são verdadeiramente honestos um com o outro.

Um exemplo clássico de um co-dependente de "carteirinha" era Edith Bunker, da longa série de tevê *All in the Family* (Tudo em Família). Embora tenhamos rido com as fraquezas de Archie, seu estilo bombástico e seus preconceitos escandalosos, eles eram, na verdade, completamente trágicos. O tempo inteiro, Edith parecia ter esquecido do prejuízo que suas atitudes e comportamentos tinham sobre seu casamento e outros relacionamentos de Archie.

Em vez de confrontar Archie sobre seu comportamento desagradável e de auto-engrandecimento, Edith ignorava isso. Ela "contornava" a raiva dele, tentando se manter fora do conflito tanto quanto possível. Seu caráter era tão autodestrutivo que chegamos a duvidar que alguém na vida real seja efetivamente assim. Eu lhe asseguro que, de um modo ou de outro, muitos de nós não atacamos diretamente os problemas, como Edith fez para evitar o duro preço da honestidade.

Em seu maravilhoso livro *Coupleship* (A União do Casal), Sharon Wegscheider-Cruse nos fala como vencer a co-dependência no casamento. Ela acredita que muitos problemas podem ser corrigidos no casamento se um casal concordar em experimentar os seguintes valores:

- *Honestidade de sentimentos* – os casais expressam sentimentos de paixão, assim como de vulnerabilidade. Eles dão permissão um ao outro para expressar raiva, desapontamento e ciúme. Além do mais, cada pessoa deseja compartilhar sentimentos de mágoa, culpa, inadequação e medo.

- *Coragem* – os dois contribuem para a parceria, mesmo que seja difícil fazer isso. Eles não esperam do parceiro mais do que estão prontos a dar.
- *Espontaneidade* – muito embora cada parceiro respeite e valorize as responsabilidades e os compromissos do outro, cada um está disposto a dar uma pausa nas próprias atividades para corresponder à necessidade do outro.
- *Responsabilidade* – à medida que nos tornamos mais conscientes do impacto que temos sobre as pessoas à nossa volta, conseguimos reagir de maneira amável. Uma vez que aprendemos a dizer: "Eu não entendo", "Sinto muito", "Pode repetir?" ou "Foi minha culpa" – todos esses reconhecimentos e respostas tornam-se mais fáceis. Aprendemos que nossos objetivos são: aproximação, apoio, intimidade, mais do que triunfo, poder e controle.
- *Diversidade* – quando nós conseguimos conhecer uma outra pessoa inteiramente, descobrimos idéias, pensamentos e valores que são um tanto diferentes (ou talvez muito diferentes) dos nossos. Podemos apreciar a diversidade humana em vez de querer derrotá-la ou achá-la inadequada.[2]

A co-dependência costuma ser classificada como "a ânsia de juntar-se ao outro". Nós só queremos nos adaptar, não desapontar a outra pessoa. Não queremos arriscar que alguém fique zangado conosco ou que despreze nossa opinião. Mas esse desejo de "evitar irritar alguém" basicamente sabota um casamento. Ele se torna um obstáculo para uma interação honesta e saudável – em qualquer relacionamento.

Harriet Lerner, em seu livro *The Dance of Anger* (A Dança da Raiva), compartilha uma outra razão por que as pessoas temem a honestidade. Ela acredita que um dos nossos maiores temores é o medo da independência.

> A angústia da separação pode se aproximar sorrateiramente de nós sempre que mudamos para uma posição mais independente e sem culpa num relacionamento, ou mesmo quando nós simplesmente consideramos a possibilidade. Algumas vezes essa ansiedade está baseada num medo realista de que, se nós assumirmos uma atitude decisiva (Sinto muito, mas eu não vou fazer o que você está me pedindo), correremos o risco de perder

> um relacionamento ou um emprego. Com mais freqüência, e mais decisivamente, a angústia da separação se baseia numa inquietação subjacente com independência e individualidade, que tem suas raízes em nossa experiência nos primeiros anos na família, em que a expectativa não falada pode ser aquela em que nós não deixamos escapar nossas expressões de personalidade. As filhas são particularmente sensíveis a essas demandas e podem se tornar muito mais habilidosas em proteger o "nós" relacional do que fazer valer o autônomo "eu".[3]

Quem não pode relacionar esta preocupação com o ato de proteger o "nós" relacional? Quem, entre nós, não está preocupado em manter um relacionamento pelo menos estável, se não caloroso e aconchegante? Embora devamos estar preocupados em manter nossos relacionamentos saudáveis, não podemos alcançar essa saúde se sacrificarmos a honestidade e o contato saudável.

Paz Não, mas Divisão

Cristo ensinou muito sobre estar em paz com os outros. Mas Ele também ensinou acerca da divisão. Ele nos disciplina a ver as coisas do jeito que são e tomar a medida apropriada.

> Vim lançar fogo na terra; e que mais quero, se já está aceso? Importa, porém, que seja batizado com um certo batismo; e como me angustio até que venha a cumprir-se! Cuidais vós que vim trazer paz à terra? Não, vos digo, mas antes dissensão; Porque daqui em diante estarão cinco divididos numa casa: três contra dois, e dois contra três. O pai estará dividido contra o filho, e o filho contra o pai; a mãe contra a filha, e a filha contra a mãe; a sogra contra sua nora, e a nora contra sua sogra (Lc 12.49-53).

Uau! Essas palavras conseguiram sacudir nossas prisões de co-dependência! Sua mensagem nos desafia quanto à honestidade e às diferenças. Algumas vezes temos que dizê-la da maneira como é, sem fazer rodeios. De vez em quando devemos olhar nossos parceiros nos olhos e dizer que estamos infelizes do jeito que as coisas estão. Nós não aprovamos o excesso de bebida, de gastos no trabalho, o uso de drogas, e sim, queremos mesmo é evitar o conflito. Já não podemos mais ficar em silêncio. Sejam quais forem as conseqüências, é tempo de falar. Cristo fala repetidamente sobre a tensão entre verdade e engano, luz e trevas. Nós sempre somos tentados a minimizar os problemas, encobrir as ações que sabemos que são vergonhosas. Mas também sabemos intuitivamente que fazer assim, esconder nossas ações obscuras é causar mais vergonha e distanciamento de nosso cônjuge. Ouça novamente as palavras de Jesus Cristo: "Este é o julgamento: E a condenação é esta: Que a luz veio ao mundo, e os homens amaram mais as trevas do que a luz, porque as suas obras eram más. Porque todo aquele que faz o mal odeia a luz, e não vem para a luz, para que as suas obras não sejam reprovadas" (Jo 3.19-21).

O Preço da Honestidade

E assim começamos a entender a importância de falar a verdade em amor. Mas, quando pensamos em fazer isso, nós também devemos meditar sobre o risco da honestidade. Ser honesto pode ser terrível, especialmente para aqueles cujo parceiro não quer ouvir a verdade.

Então qual é o preço?

Primeiro, *o preço da honestidade abrange o rigor de examinarmos a nós mesmos e saber o que realmente pensamos.* Isso poderia parecer uma tarefa simples, mas não é. Muitos de nós estamos tão acostumados a nos adaptar – moldando nossas opiniões às dos que estão à nossa volta – que não sabemos em que acreditamos ou por que acreditamos.

Há algum tempo, comecei um exercício que agora recomendo a todos os meus clientes. Comecei gastando uns poucos minutos todo dia trabalhando para refletir sobre minha vida e compreender os acontecimentos que me afetam. A fórmula que eu recomendo é escrever o que você sente, pensa e quer. Descobri que uma prática regular desse tipo de tarefa, um diário, levará a um senso mais aguçado sobre o que é importante para mim.

Por que eu, e tantos outros, descobrimos que esse exercício é valioso e eficaz? Porque ele valoriza e desenvolve um relacionamento com você mesmo.

Se você não sabe o que pensa, o que sente ou o que quer, você é como um navio sem leme de direção, jogado pelos ventos com as marés.

Não estou recomendando que a gente cultue o próprio ego, mas acredito que, sem esse relacionamento fundamental, todos os outros titubearão. Até mesmo nosso relacionamento com Deus se afirma em saber primeiro quem somos nós.

Manter um diário é também um maravilhoso exercício espiritual. Sempre leio um trecho da Escritura e então medito nele por uns momentos. Enquanto medito nesses pequenos trechos, escrevo aquilo que acredito que o Senhor possa estar me dizendo. Fazer isso metodicamente é como se me desse um trampolim do qual eu posso dar impulso em minha vida.

Segundo, *o preço da honestidade abrange dedicar tempo e energia para ver seu parceiro como alguém diferente de você.* O amor verdadeiro significa ver seu cônjuge como um ser individual e se relacionar com ele ou ela como tal.

Veja este exercício:

Da próxima vez em que você se sentar com seu cônjuge, faça o que for possível para realmente ouvir não exatamente as palavras, mas as entrelinhas. Um relato honesto traz uma energia incrível. Barbara Sheer, em seu livro *It's Only Too Late If You Don't Start Now* (Será tarde demais se Você não Começar agora), descreve este desafio:

> Ver alguém claramente é não olhar através do reflexo de seu próprio desejo ou criar uma ilusão para mascarar a pessoa, ou ainda reinventá-la para seus próprios usos... Amar o que está realmente à sua frente pode acontecer apenas quando você tiver perdido as ilusões de perfeição – as suas ou as de mais alguém – e quando você mantiver a liberdade de construir sua vida ao mesmo tempo em que respeitar o direito do outro de fazer o mesmo.[4]

Terceiro, *o preço da sinceridade, de expressar verdadeiramente como nos sentimos, é que podemos ser criticados.* Se nós nos deixarmos mostrar, podemos nos expor ao ridículo.

Ser criticado não tem graça nenhuma. Ouvir alguém dizer: "Eu não dou importância ao que você pensa" é terrível. Geralmente considero que esta bravata não é honesta nem saudável. Temos que estar preparados para as farpas que nos lançam.

Precisamos ser bastante sensíveis a críticas, de modo que os outros possam fazer um contato verdadeiro conosco.

Quarto, *o preço da sinceridade é que pode ocorrer o conflito.* Quando ousamos ser honestos, quando ousamos administrar uma questão difícil, podemos sair do nosso círculo de conforto para a arena da ansiedade. Harriet Goldhor Lerner, em seu livro *The Dance of Intimacy* (A Dança da Intimidade) faz uma reflexão:

> Todos nós temos questões emocionalmente carregadas em nossa família que são difíceis de administrar. Todos nós podemos ser

> confrontados a escolher entre autenticidade e harmonia num dado relacionamento. Todos nós temos que negociar com poderosos estímulos contrários e reações "de mudança brusca" – ambos de dentro e de fora – se nós definirmos o "eu" separado dos papéis e das regras de família e cultura.[5]

Quando ousamos revelar um segredo relacional, provocaremos, em princípio, tensão. O preço é alto, mas as compensações são igualmente grandes.

Finalmente, o preço da sinceridade implica ser livre. Como isso é um preço? – você poderia perguntar. Vamos voltar a Gene e Shirley. Eles vivem uma escravidão por muito tempo. Como Shirley e Gene se sentiriam se fossem livres?

Realmente, Gene e Shirley decidiram encarar seu problema. Não foi fácil, mas eles concordaram, aos poucos, em investigar mais profundamente a questão de risco que os trouxe ao aconselhamento e analisar o quanto o vício dele e a negação por parte dela estavam sacrificando o seu casamento. O progresso não era um movimento linear, direto, mas eles continuaram a voltar às sessões de aconselhamento e decidiram que Gene precisava fazer um tratamento suplementar para o seu problema. Nós fizemos contato com o grupo anônimo de viciados em jogo, da região, e que, combinado com o grupo masculino de sua igreja, providenciou a ajuda de que ele precisava para enfrentar honestamente o seu problema.

E sobre Shirley? Ela precisava encarar sua relutância em enfrentar honestamente o vício de Gene. Ela precisava aceitar que aquilo não era um "probleminha", mas um grande obstáculo que eles precisavam vencer. Sua parte era acabar com a negação e aceitar sua própria co-dependência. Ela descobriu um grupo de ajuda aos parceiros de viciados em jogo. A princípio, o resultado foi uma liberdade não muito confortável, mas, meses depois, tanto Gene como Shirley estão alegres com sua "nova liberdade".

Um Passo de cada Vez

Mudar é quase sempre assustador. Isso porque uma crise é sempre necessária para nos libertarmos do *status quo.* Uma calamidade pode tornar-se mensageira de mudanças positivas.

A mudança nunca acontece de uma só vez. A transformação de Shirley e Gene no sentido de se libertar implicava adaptações e surpresas, e eu suponho que o mesmo seja uma realidade para você. Não espere que você vá tomar uma decisão de mudar e pronto, como se mudar fosse tão simples.

Espere que a mudança seja difícil. Espere que encarar o problema seja um desafio. Parar de ignorar o problema não é fácil, se este tem sido um padrão em seu casamento. Espere pagar um preço pela mudança, mas o progresso valerá o preço.

O primeiro passo é ver a montanha que você tem que subir – o desafio que você tem que vencer. Decidir embarcar na viagem da mudança é o passo mais importante. Depois disso, qualquer coisa a mais pode fazer sentido. Você tem que subir a montanha com um passo de cada vez. Junto com seu parceiro e com Deus. Afinal, se Deus é por nós, quem será contra nós?

Capítulo Quatro

Pare de Falar Grego:

A Importância de se Comunicar com Clareza

Na multidão de palavras não falta transgressão, mas o que modera os seus lábios é prudente. Prata escolhida é a língua do justo; o coração dos ímpios é de nenhum preço.

– PROVÉRBIOS 10.19,20

A sessão de aconselhamento em meu consultório era como uma cena da antiga comédia de Abbott e Costello, *Who is on First?* – só que isso não era uma comédia. Eu acompanhei Kevin e Kendra por várias semanas.

Os dois estavam na faixa dos 40, casados há 16 anos e tinham dois filhos pré-adolescentes. Eles me contaram que seu casamento era estável e relativamente feliz, com alguns "choques" ao longo do caminho. Mas, recentemente, estavam com dificuldade para se comunicar um com o outro, especialmente quando as emoções se intensificavam muito.

Nós trabalhamos juntos para aperfeiçoar sua forma de comunicação. As coisas estavam indo bem até que eles tiveram um encontro "quente" em uma de suas sessões de aconselhamento.

– Eu não gosto da maneira como ele gasta dinheiro – disse Kendra abruptamente.

Kevin revirou os olhos, muito contrariado.

– Qual é o problema? – perguntei.

– Eu realmente não gosto disso, e ele sabe – disse ela novamente, ainda com mais força.

– Dá pra perceber a sua frustração, – disse – mas você pode especificar o que a contraria quanto aos gastos dele? – Ela continuou falando como se não tivesse me ouvido.

– Ele sabe que eu não gosto disso, mas continua a fazer. Não costumava ser tanto, mas ultimamente tem ficado pior. Às vezes penso que ele faz de maldade. Gasta dinheiro que nós não temos e deixa o problema para que eu me preocupe.

– Deixa pra lá, Doutor – disse Kevin. – Eu sei do que ela está falando. Ela está incomodada com a motocicleta que eu comprei. É mais fácil para ela se concentrar em mim do que olhar para si mesma. É isso aí.

– É a motocicleta, Kendra? – perguntei a ela.

– Não. Eu consigo entender que um homem possa precisar de uma motocicleta. Acho que todos os homens precisam ter uma garagem cheia de brinquedos assim – disse ela com sarcasmo. – Mas ele torra o dinheiro de várias formas que me deixam louca.

– Como o quê? – Kevin disse com muita raiva. – Eu trabalho como um condenado para ter algumas coisas legais, e você se ressente delas. Eu lhe disse quando nos casamos que eu trabalho para poder me divertir e isso não vai mudar. Eu procuro passar tempo em casa com você e as crianças.

– Esse não é o problema. – disse Kendra com firmeza. – E, além disso, você saiu vários fins de semana para passear com os amigos. – Ela parou por um momento.

– Eu realmente não gosto da maneira como você gasta dinheiro, simplesmente. Não sei mais como dizer isso. – Kendra continuou a olhar para mim, tratando Kevin com indiferença. Naquela altura, Kevin se curvou na cadeira, ainda mais irritado.

– Mas você também gasta dinheiro! Você tem um armário cheio de roupas, e eu gostaria de dizer algumas coisas sobre isso. De quantos sapatos você realmente precisa? Você e sua mãe também têm mania de gastar.

– Não é a mesma coisa.

Kendra se virou e olhou pela janela. Kevin olhou para mim como que pedindo ajuda.

Lá estávamos nós, exatamente de volta para onde começamos. Assim como no jogo "Banco Imobiliário nós demos uma volta completa", mas não pegamos os 200 dólares. Em vez disso, nós estávamos bem, no nosso trajeto para a "prisão matrimonial", que está cheia de sentimentos de mágoa, ressentimentos, amargura e – o pior de tudo – *nenhum progresso*!

Este é o ponto da sessão quando me lembrava da dupla clássica cômica, Abbott e Costello. "Quem está na primeira base?" De fato, eu não sabia exatamente qual era o problema de Kevin e Kendra ou o que eles queriam um do outro.

E se eu estava confuso, sentado do lado de fora, só olhando, posso imaginar como eles deviam estar se sentido no meio da confusão. Desvendar seu problema era como tentar pegar um grampo de papéis de uma caixa, só para descobrir que todos os clipes estavam emaranhados.

Por que Kendra e Kevin estão tendo um momento tão turbulento? Por que eles não vão ao cerne do problema e enfrentam as questões mais imediatas e as resolvem, tomando ciência das coisas maiores e melhores? Porque sua conversa é obscura, vaga, indireta, passivo-agressiva e simplesmente improdutiva.

Eles sofrem do nosso quarto erro crítico: falarmos grego em vez de falarmos clara e concisamente, dizendo o que precisamos e queremos.

Nós rimos com o apuro de Abbott e Costello. Eles falam em código, cada um sem saber definir seus termos e sem abrandar a conversa o suficiente para saber o que o outro quer dizer.

Nós podemos rir porque estamos vendo de fora seu encontro. Talvez a gente ria igualmente da situação de Kevin e Kendra. Mas qualquer um que esteja do lado de dentro dessa conversa sabe que isso pode ser qualquer coisa, menos engraçado.

Autodefesa

Uma pessoa está errada e a outra está certa? Nós nos alinhamos com Kendra, que parece ter um problema contra Kevin, em relação a seus "brinquedos caros", mas é incapaz de articular completamente seus sentimentos? Nós tomamos o partido de Kevin, que trabalha tanto por causa de seus brinquedos e parece sincero quando pergunta a Kendra o que ela quer? Talvez nenhum deles mereça a nossa dedicação, porque nenhum deles está se comunicando de modo que resolva o problema. Parece que os dois estão "falando grego", o que só faz aumentar os seus problemas.

Qualquer um que tenha um relacionamento íntimo com alguém sabe que, quando os dois "falam grego", a conseqüência é quase sempre falta de comunicação. A seguir vêm logo frustração, raiva e autodefesa.

Frustração e raiva são emoções, mas a autodefesa é uma atitude que corta a comunicação, uma atitude que diz: *Eu quero ser compreendido, mas você não está me entendendo. Por outro lado, eu não quero realmente ouvir o que você tem a dizer.*

Essa atitude é imatura e intolerante, mas ela não deveria nos surpreender. Todo mundo quer ser ouvido e compreendido. Ninguém quer ser insultado. Quanto mais frágeis nos sentimos, mais frágeis ficamos e mais confiamos na excessiva autodefesa.

Susan Heitler e Abigail Hirsch, em seu livro de exercícios The Power of Two (A Força de Dois), preocupam-se muito com a autodefesa. "A desvantagem para as barreiras da autodefesa é que, enquanto elas podem prevenir que comentários ferinos entrem no assunto, elas também bloqueiam uma nova informação benéfica. Ouvir para aprender geralmente vai ser mais eficaz do que ter reações defensivas".[1]

Vamos considerar o impacto da autodefesa no casamento. Primeiro, *a autodefesa interrompe a comunicação.* Como uma regra geral, quando você ou o seu cônjuge se põe na defensiva, as comunicações produtivas cessam. O ruído que você faz pode parecer comunicação, mas já não é mais saudável e clara. Agora ela soa como um estrondo que vai suplantar a sua opinião. As percepções ficam restritas, e surgem as frentes de batalha. Você agora está engajado num debate, não numa discussão.

Segundo, *a autodefesa nos impede de ver o ponto de vista um do outro.* Surgem cortinas de fumaça; nossa visão fica embaçada, e a comunicação se torna confusa. Nós vemos apenas o nosso ponto de vista e o defendemos energicamente, e paramos de agir no sentido de enxergar e compreender o ponto de vista do nosso cônjuge. Se nós o reconhecemos, de fato, imediatamente procuramos meios de pôr defeito nele.

Terceiro, *nós não expressamos claramente nossa opinião.* Quando estamos nos sentindo na defensiva, temos a tendência de defender, acima de tudo, nosso ponto de vista. Nós adquirimos opiniões rígidas e não expressamos nossas opiniões cuidadosamente. Não somos nem um pouco flexíveis e abertos para novas possibilidades. Novamente a comunicação produtiva é interrompida.

Quarto, *a autodefesa nos impede de lidar com assuntos suscetíveis.* Alguns assuntos – como bebida, gasto excessivo, distúrbios na alimentação e problemas sexuais – são praticamente proibidos, na melhor das circunstâncias. Quando nos aproximamos deles, a autodefesa se intensifica. A mensagem é clara: Evite assuntos suscetíveis até as coisas se acalmarem.

Finalmente, a autodefesa compõe-se de *comunicação doentia.* A autodefesa em excesso dá origem a competição, questionamento, hostilidade, negação e acusação. A autodefesa revela o pior nas pessoas e não tem lugar num casamento vibrante e próspero.

"Levando à Loucura"

Observamos com frustração o estilo de comunicação de Kevin e Kendra. Mas, por nossa vez, temos tido tanta dificuldade de comunicação que achamos que não temos o direito de censurá-los. Não estamos falando claramente ou eles estão simplesmente tentando sabotar qualquer esforço de comunicação honesta?

Podemos também fazer um esforço para interpretar cuidadosamente o que o nosso cônjuge está dizendo, mas acabamos como que num espiral, rondando perigosamente perto do detonador o qual provoca a explosão emocional que estamos tão desesperadamente tentando evitar.

Em algumas conversas como esta, as pessoas simplesmente não estão ouvindo com cuidado. Mas outras conversas refletem um problema mais sério. Se sua comunicação se parece com a de Kendra e Kevin, freqüentemente, seu relacionamento pode ser atormentado por "azucrinação". Se isso acontece, ele precisa de atenção imediata.

As pessoas "dão nos nervos" quando dizem uma coisa superficialmente, mas na verdade querem dizer algo mais. Você pode sentir que seu cônjuge está pedindo alguma coisa, mas não quer ou não pode esclarecer o que é. Porque a mensagem nunca chega completa, você não pode lidar com ela de maneira honesta e franca. Se você recebe mensagens que dizem uma coisa, mas significam alguma coisa a mais, ficará frustrado, com raiva e confuso, e se sentirá como se estivesse ficando louco.

O termo "dar nos nervos" obviamente tem uma conotação forte, negativa. Isso quer dizer que um dos cônjuges deixa o outro com os nervos à flor da pele e está intencionado em fazer o seu parceiro enlouquecer ou pelo menos ficar furioso. Contudo, não acredito que a maior parte do comportamento azucrinante seja essencialmente por maldade. Então, por que alguém recorreria a essa comunicação indireta e manipuladora? Vários motivos me vêm à mente:

Primeiro, pedir *exatamente o que queremos pode causar temor.* Para muitos de nós, esconder-se atrás de uma comunicação indireta é muito fácil. Nós esperamos que nosso cônjuge leia a nossa mente e automaticamente descubra nossas necessidades, mas, como era de se esperar, isso raramente acontece.

Segundo, *nós nos arriscamos à rejeição.* Em resposta a nossa solicitação, nossos cônjuges podiam olhar para nós e dizer: "Você está louco? Eu não vou fazer isso". Então, enfrentamos um problema ainda maior: Agora, o que nós vamos fazer?

Terceiro, *nós podemos ficar mansos demais e passivos.* Esse poderia ser um estilo que empregamos durante a nossa vida e agora usamos em nosso casamento, e é uma indicação de que não aprendemos a arte da comunicação direta e clara.

Finalmente, falar de maneira explícita e direta requer muito esforço. A comunicação honesta e lúcida pode ser qualquer coisa, menos fácil. A comunicação é uma arte refinada e dá trabalho para dominar.

O que você pode fazer se está lidando com um cônjuge que usa a tática de "dar nos nervos" como um meio para fugir de uma comunicação sincera?

Bach e Deutsch dão estas sugestões em seu livro *Stop! You're Driving Me Crazy* (Pare! Você Está me Deixando Louco).[2]

- Volte à situação e avalie o que está acontecendo. Considere por que você poderia estar se sentindo confuso ou manipulado.
- Considere o que poderia estar por trás desse "azucrinante" tal como seu cônjuge, que se sente rejeitado, fraco ou amedrontado quando solicitado a mudar.
- Não reaja com hostilidade com o "azucrinante", até mesmo se você estiver tentado a fazer isso. Peça esclarecimento, não agrida. O problema não é a pessoa, mas antes a sua inabilidade para pedir claramente o que quer. Tente expressar as mudanças desejadas.
- Respeite o direito de seu cônjuge à informação honesta, bem como os sentimentos dele, espaço e poder. Tente diminuir o receio de seu cônjuge de pedir algo de que ele precise.
- Não leia mentes ou faça suposições. Compartilhe seus sentimentos e torne-se vulnerável. Mantenha a discussão centrada na questão pendente.
- Verifique seus palpites. Veja se o que você acha que está acontecendo realmente está acontecendo. Tente determinar o que o cônjuge está de fato pedindo.
- Chegue a um meio-termo satisfatório que envolva vocês dois fazendo mudanças desejadas.

Eu encontrei um outro meio que pode ser de grande proveito para mim e para aqueles a quem eu aconselho. É simplesmente isto: fale do seu lado mais vulnerável. Deixe-me ilustrar.

Recentemente fiquei enredado por uma dessas conversas obscuras, difíceis de entender com uma amiga querida. Como acontece freqüentemente, ela começou bastante inocente e se intensificou rapidamente.

Eu tinha saído para uma caminhada à noitinha com Christie e mencionei que estava pensando em trabalhar até mais tarde uma vez por semana. Eu planejava fazer um intervalo na parte da manhã e assim não aumentaria minha carga horária. Eu queria o apoio dela para este plano, muito embora tivesse lhe pedido antes que me controlasse para não trabalhar horas demais em meu consultório. Ela imediatamente ficou preocupada.

Eu pensei que você não fosse trabalhar nenhuma noite – disse ela.

Eu me alterei. Minhas horas de trabalho têm sido e ainda são um assunto melindroso para mim. Eu precisava do apoio dela, não de crítica.

– Não – disse abruptamente. – Eu disse que não trabalharia em nenhum horário extra.

– Mas, mesmo que você faça um intervalo durante o dia, ainda assim estará no consultório mais tempo do que de costume.

Calei-me, lutando contra o meu impulso de atacá-la. *Por que ela se atreve a me controlar, mesmo que eu tenha lhe dado permissão para fazer isso?* Nós caminhamos pela rua em silêncio enquanto eu considerava como responderia. Eu tentava lutar contra minha autodefesa; então, decidi falar do meu lado mais vulnerável.

– Christie, eu pedi que você me mantivesse sob controle, e agora me sinto ansioso quanto a isso. Sinto-me criticado e condenado. Gostaria de um minuto para pensar sobre o que você disse em vez de me defender, o que não vai ajudar a nenhum de nós.

– Eu só estou lhe dando minha opinião. – disse ela. – Você me pediu que falasse o que eu achava sobre essa questão.

– Sim, eu pedi. Quero apenas o seu retorno, e essa reação tem a ver comigo, não com você. Por favor, me dê alguns minutos para processar minha reação.

Alguns de vocês podem estar pensando que o lugar ideal para esta conversa deveria ser o show de Mr. Rogers e não a vida real. Ou talvez ela pareça algo tirado de algum livro de testes de psicologia e não tem aplicação em seu casamento. Errado!

Agir atenta e cautelosamente foi muito difícil para mim, mas nossa amizade vale o esforço. Você também pode aprender a monitorar sua autodefesa, confessar seus sentimentos e compartilhá-los nos momentos apropriados.

Desonestidade e Fingimento

Uma outra maneira de "falar grego" num casamento é ser desonesto. É muito difícil ser honesto e verdadeiro numa relação. Agir como um camaleão, sempre nos transformando em qualquer coisa que o outro espera que sejamos, é muito mais fácil. Mas esta é simplesmente uma outra forma de co-dependência.

Na situação acima, eu estava enviando para Christie uma mensagem confusa. Basicamente, eu estava dizendo: "Por favor, arrisque-se a me dizer quando você achar que eu estou descambando para um velho e destrutivo comportamento. Mas, o que quer que você fale, não me deixe chateado".

Uau! Que desonestidade! Que manipulador! Dizendo a Christie que eu queria o seu parecer, dei a impressão de estar sendo presunçoso. Mas quando tivemos que pôr em prática o meu pedido, relutei em sustentá-lo. Eu estava sendo desonesto, muito embora não tivesse intenção.

Quando nós vemos Kendra com olhar crítico, vemos também que ela se recusou a ser honesta; recusou-se a ficar neutra neste ponto e afirmar diretamente o que esperava de Kevin. Em vez disso, ela parecia acreditar que ele era obrigado a ler sua mente.

John Bradshaw, em seu novo livro *Bradshaw On: The Family* (Bradshaw Em: A Família), explica por que nós falamos de maneira ambígua e mascarada:

> Nós somos ensinados a ser simpáticos e educados. Nós somos ensinados que esse comportamento (com freqüência mentiras) é melhor do que dizer a verdade. Nós somos ensinados, acima de tudo, a fingir que não estamos sentindo as coisas que na verdade sentimos. Nossas igrejas, escolas e políticos são terríveis em ensinar desonestidade (dizendo coisas que não tencionamos e fingindo sentir vontades que não sentimos). Nós sorrimos quando estamos tristes, rimos nervosamente quando lidamos com a dor, rimos de piadas que não achamos engraçadas; dizemos coisas às pessoas que com certeza não queremos, para sermos polidos, como se em algum momento tivéssemos que chegar a um acordo.[3]

Com certeza Bradshaw está sendo rigoroso demais. Você é uma pessoa honesta e diz o que quer. Certo?

Não me sinto bem ao fazer essa confissão pública, mas sei que não digo tudo que quero. As palavras de Bradshaw são penetrantes e se adaptam a mim mais do que eu gostaria de admitir. Se eu estivesse sendo verdadeiramente honesto, se eu estivesse falando francamente, eu teria dito a Christie:

"Christie, eu quero ficar livre da exaustão que sinto por trabalhar tanto. Mas não quero realmente mudar. Então, quando peço a você que me avise quando perceber em mim um comportamento irresponsável, não estou sendo honesto. Na verdade, não quero ser confrontado. Só quero realmente ser estimulado. Eu quero elogios pelas mudanças que estou fazendo e que você me dê um sinal, pisque os olhos, quando vir alguma coisa que pareça irresponsabilidade da minha parte."

Ok. Essa é a verdade. Eu não tenho certeza de como seria esta conversa com Christie, mas pelo menos ela seria uma conversa honesta. Pelo menos seria um ponto de partida para uma conversa sincera.

Don Miguel Ruiz escreveu um livro *best seller* intitulado: *The Four Agreements* (Os quatro Acordos). Quando ele foi publicado e colocado à venda, os amigos em toda parte perguntavam: "Você leu *Os Quatro Acordos?* Você devia ler esse livro". A princípio, eu fiquei surpreso pelo sucesso do livro. Francamente, ele não parecia tão profundo assim. Mas alguma coisa sobre ele me prendeu a atenção. O critério mais essencial de Ruiz era *ser irrepreensível em sua palavra.* Não é tão fácil quanto parece, e ele sugere que isto seja um princípio transformador. Diga a verdade – a verdade exata para quem você é hoje. Diga o que você quer e queira o que você diz. Quando deixamos de fazer isso, não estamos só sendo desonestos com os outros, mas também conosco mesmos – e isso é terrivelmente destrutivo para a nossa auto-estima e o bem-estar de nossos relacionamentos.

Sobre a importância de sermos irrepreensíveis em nossa palavra, Ruiz diz: "Por intermédio da palavra você expressa seu poder criativo. É pela palavra que você revela tudo... O que você sonha o que sente e o que você realmente é, tudo será demonstrado pela palavra."[4]

Relutando em Falar a Verdade

As palavras de Ruiz com certeza não são novidade. As Escrituras sempre nos estimulam a falar a verdade. Tanto o Antigo Testamento quanto o Novo nos mandam falar claramente e diretamente aquilo que Deus coloca em nossos corações.

Lembro-me do encontro do Senhor com Moisés, um homem que se tornaria um grande líder. Mesmo a despeito de seu talento, ele não parecia empolgado com suas aptidões e argumentou que não estava qualificado para ser o porta-voz do Senhor.

Você pode lembrar que Deus orientou Moisés a reunir os israelitas e realizar milagres demonstrando o seu poder e vivendo na presença dEle.

Deus chamou Moisés para guiar o povo na fuga da escravidão do Egito. Mas, mesmo depois que Deus tinha mostrado seu poder, Moisés hesitou.

> Então disse Moisés ao SENHOR: Ah, meu Senhor! eu não sou homem eloqüente, nem de ontem nem de anteontem, nem ainda desde que tens falado ao teu servo; porque sou pesado de boca e pesado de língua. E disse-lhe o SENHOR: Quem

> fez a boca do homem? ou quem fez o mudo, ou o surdo, ou o que vê, ou o cego? Não sou eu, o SENHOR? Vai, pois, agora, e eu serei com a tua boca e te ensinarei o que hás de falar. Então se acendeu a ira do SENHOR contra Moisés, e disse: Não é Arão, o levita, teu irmão? Eu sei que ele falará muito bem (Êx 4.10-14).

Depois de receber tais dons de liderança e testemunhar tão grandes demonstrações do poder de Deus – sem falar da oportunidade conveniente de resgatar seu povo da escravidão – Moisés ainda estava hesitante em falar. Podemos entender por que o Senhor estava contrariado com ele. Mas, quem entre nós não compreende também o temor de falar a verdade para a multidão? E se eles não ouvirem, conforme era o receio de Moisés? E se eles zombarem de nós, o que também aconteceu com Moisés? Embora tenhamos visto o poder de Deus em nossas vidas e tenha sido dado o Espírito Santo – o Espírito da verdade – ainda deixamos de falar quando aparece a oportunidade.

Jesus passou por uma decepção com seus discípulos indecisos. Um dos exemplos mais pungentes ocorre com Pedro antes da crucificação. Jesus tinha, sem dúvida, profetizado esse evento na corte. Uma serva do sumo sacerdote pergunta a Pedro se ele esteve com Jesus. Essa era uma oportunidade incrível de falar a verdade e ser uma testemunha para o seu Senhor. Em vez disso, Pedro "fala grego".

"Eu não sei nem compreendo o que você está falando." – diz Pedro. Mas a moça não desiste. Ela sabe o que diz e afirma aos que estavam reunidos ao redor: "Este homem é um deles". Novamente Pedro nega o fato.

Agora, outros se juntam à discussão: "Sem dúvida, você é um deles, pois é galileu".

Você deve achar que Pedro enfim falaria francamente. Tudo está perdido. Em vez disso, ele falou a mesma coisa que antes; começou a blasfemar e praguejar: "Não conheço esse homem de quem falais. E o galo cantou segunda vez. E Pedro lembrou-se da palavra que Jesus lhe tinha dito [...] E, retirando-se dali, chorou" (Mc 14.66-72).

E nós também choramos quando descobrimos em nós algo de Moisés e de Pedro. Nós recordamos tempos críticos em nossas vidas quando podíamos ter dito algo verdadeiro, algo convincente. Mas, lá estávamos nós, em nossa própria morada escura, fria e assustadora, com alguém nos olhando fixamente, esperando que fôssemos diretos e verdadeiros. E nos encolhemos – ou fugimos.

Relutamos em falar a verdade, do jeito que ela é, nos retraímos por causa do nosso medo, vergonha ou timidez. Rodeamos o assunto ou mentimos, sem reservas, para fugir a essas ameaças. Ou, conforme Pedro, tentamos usar a confabulação – "falando grego" – para distrair quem está nos pressionando por causa da verdade pura e simples.

Omitir a Verdade

Quando ponderamos este conceito de ser verdadeiro, você poderia pensar nos momentos quando a melhor coisa é omitir a verdade. Talvez "falar grego" ou contornar as questões seja a melhor coisa a fazer, algumas vezes. Afinal, nossos cônjuges poderiam ser vulneráveis e não ter uma opinião crítica satisfatória. Rodear o assunto, nestes casos, poderia ser o melhor. Podemos tentar nos convencer de que estamos omitindo a informação só para não magoarmos alguém, mas este raramente é o caso. Em vez disso, normalmente nos protegemos da vulnerabilidade, mantendo-a a salvo, usando a nossa desonestidade como uma justificativa para omitir a verdade. Além do mais, mesmo que estivéssemos tentando "proteger" alguém, esta é uma prática duvidosa. Desde quando os outros precisam de nossa proteção?

Não estou defendendo que devemos invadir a vida daqueles que são importantes para nós e impor nossa versão da verdade. O fato de nos mantermos como a última coluna da verdade e, então, de maneira hipócrita, partilharmos nosso ponto de vista com o cônjuge é a receita ideal para uma catástrofe. Ninguém quer ser confrontado desta maneira. Apesar de incômoda, a confrontação realmente tem seu lugar no casamento.

Scott Pack, em seu livro *The Road Less Traveled* (A Estrada menos Rodada), diz: "O risco decisivo e possivelmente o maior do amor é o risco de exercer autoridade aliada à humilhação. O exemplo mais comum disso é o ato de confrontação do amor".

Mas Peck não defende a intromissão na vida do outro para exibir sua sabedoria numa posição de superioridade. Isso não é bíblico, benéfico nem prudente. Em vez disso, ele afirma que devemos fazer a crítica apenas quando nossa "crença de que se está certo for construída com rigoroso auto-exame e autocensura". A arrogância sempre é destrutiva e improdutiva. As palavras acompanhadas de submissão são benéficas e bem-sucedidas para instruir os outros. Palavras de humildade são mais proveitosas do que exigências. Os livros de Paulo estão cheios de recomendação para suportarmos as fraquezas dos fracos (Rm 15.1). "Ora, o Deus de paciência e consolação vos conceda o mesmo sentimento uns para com os outros, segundo Cristo Jesus. Para que concordes, a uma boca, glorifiqueis ao Deus e Pai de nosso Senhor Jesus Cristo. Portanto recebei-vos uns aos outros, como também Cristo nos recebeu para glória de Deus" (Rm 15.5-7).

No entanto, Peck também prossegue falando sobre o prejuízo que vem de negligenciar a verdade em relação ao nosso cônjuge.

> Deixar de confrontar, quando o confronto é necessário para cultivar o crescimento espiritual, representa uma falha para a uniformidade do amor, como faz a crítica impensada ou a acusação e outras formas vigentes de perda de interesse...O confronto mútuo de amor é uma parte importante de todos os relacionamentos humanos significativos e bem-sucedidos. Sem isso, ou é malsucedido ou superficial.[5]

Julgamentos e Preconceitos

Dedicação à verdade – evitar "falar grego" e ter disposição de ser honesto em nosso casamento são coisas que exigem muito de nós. Isso requer que sejamos honestos, humildes e que deixemos de lado nossas arrogâncias e julgamentos sobre os outros. É preciso também que tenhamos uma mente aberta e uma vida de auto-avaliação, de modo que estejamos conscientes de nossas fraquezas e preconceitos.

Os fariseus eram pessoas que gostavam de julgar, e Jesus os chamou de hipócritas em várias ocasiões. Eles eram geralmente arrogantes, exibindo suas "virtudes" diante dos outros, embora seus corações não fossem tão puros. Ser chamado de fariseu hoje é sinônimo de viver uma vida dupla. Isso, resumindo, é "falar grego".

Até os discípulos gostavam de julgar. Em vez de falar de amor, eram sempre muito críticos uns dos outros. Você deve lembrar que uma das invectivas de julgamento foi contra o mais fraco dos fracos – as crianças (Mt 19). Essencialmente eles disseram: "Essas criancinhas estão nos atrapalhando. Elas não podem nos ensinar nada. Levem-nas daqui".

Mas Cristo apresentou uma perspectiva nova. Devemos ser inocentes como as crianças, acessíveis e francos, e meigos tais quais elas são.

Nós prontamente criticamos os discípulos por suas reações, mas devemos nos perguntar se são diferentes das nossas. Algumas vezes nos colocamos acima ou afastados de outras pessoas? Como isso pode criar uma barreira para a intimidade? Como isso nos impede de realmente ouvir?

Embora esta seja uma proposta assustadora, eu o encorajo a pôr de lado suas convicções entranhadas, de modo que você possa de fato ouvir seu cônjuge – e outros.

- Você está aberto a novas idéias e opiniões?
- Você está disposto a manter o mesmo padrão que mantém para os outros?
- Você está disposto a ser responsável por outros por suas convicções e comportamento?

Atenção

As pessoas dizem que a maior forma de amor que podemos dar aos outros é dar a eles uma atenção verdadeira. Em sua forma mais simples, atender significa ouvir de verdade. E se nós realmente ouvirmos, com certeza vamos estar livres de muito do nosso "discurso grego", a não ser que esse tipo de palavreado venha de um desejo de ouvir o que nós mesmos temos a dizer, muito mais do que ouvir o que o nosso cônjuge está dizendo.

Recentemente, tive a oportunidade de colocar em prática esse tipo de ajuda. Numa oficina sobre violência doméstica, ouvi um jovem descrever como ele havia matado violentamente seus pais. Embora eu soubesse de antemão que a violência tinha sido um ato de retribuição por anos de violência e negligência propagadas sobre ele e seus irmãos, uma vingança deste tipo parecia simplesmente abominável. Mas eu queria ouvir o que aquele jovem tinha a dizer, e eu sabia que, se o ouvisse com ouvidos de quem o estava julgando, eu não aprenderia nada.

O momento seguinte me levou às lágrimas. Esse adolescente rude, vestido com uma camiseta, boné e jeans, falou de anos de abuso por parte de seus pais. Eu ouvi o relato das atrocidades perpetradas sobre ele e seus irmãos e como ele tinha assumido esse encargo para salvá-los, matando seu pai e sua mãe. Ouvi sobre a preparação torturante para os assassinatos e a terrível culpa que ele tem suportado desde então. Também ouvi quando ele falou sobre os meses de prisão que vieram depois da sua confissão de culpa.

Para mim, não era uma coisa fácil de ouvir. Embora estivesse pessoalmente envolvido, eu ainda tinha que praticar o que Scott Peck classifica como "abrir parênteses". Isso significa que alguém deve desistir temporariamente do próprio eu, dos preconceitos e convicções, e dar atenção a uma nova informação. É, como diz Pack, "fazer calar quem é íntimo e acolher bem o estranho".[6] Este é o momento de colocar de lado as necessidades presentes, experiências passadas e expectativas futuras, para que você possa dar atenção ao presente.

E como isso se aplica ao casamento? Realmente, isso precisa acontecer todo dia. Nós devemos nos exercitar em "abrir parênteses" para que possamos ver nossos cônjuges como são, não como nós queremos que eles sejam. Nós podemos falar francamente ou até criticar, enquanto mantemos firme a possibilidade de que as coisas não sejam como parecem. Devemos dar a nosso cônjuge o direito à dúvida. Seria possível eles não estarem tentando nos magoar? Será que eles queriam realmente salvar seu casamento tanto quanto nós queremos? Será...? Deste espaço "vazio" podemos fazer o que eu chamo de ouvido sensível. Isto se dá quando ouvimos não apenas o que está sendo dito, mas também o que não está sendo dito. Nós ouvimos o que falam nossos cônjuges, as mágoas e desejos que eles nos trazem a cada dia. Quando damos atenção a seus mais profundos anseios, nós os ouvimos como que nascendo. É como se fôssemos "parteiras" para as suas almas. Nós colocamos de lado nossas próprias necessidades e, assim, nos tornamos capazes de apoiar nossos cônjuges com mais eficiência.

Assumindo a Responsabilidade

Recentemente organizei um Grupo de Apoio Transitório para a minha igreja e comunidade. Eu não tinha idéia de quem poderia vir ou que dificuldades eles poderiam apresentar. Quando as portas se abriram, "jorraram" pessoas de todas as idades.

Uma mulher de quarenta anos tinha acabado de passar por um divórcio indesejado e precisava desesperadamente de apoio. Uma outra mulher tinha vindo do outro lado do país para morar na nossa pequena cidade e precisava se acostumar à nova comunidade. Um homem de 25 anos, separado recentemente, estava dominado pelo individualismo, irritação e profunda carência de uma mão amiga. Uma mulher mais velha tinha terminado vários relacionamentos violentos e parecia não conseguir se livrar do problema.

Vozes diferentes. Necessidades diferentes. Como poderia trazer coesão para o grupo? Eu procurei me lembrar, repetidas vezes, que eu era um moderador e que o Espírito Santo (o Espírito da Verdade) guiaria a mim e aos outros do grupo.

O desafio principal parecia ser estimular cada um a assumir a responsabilidade pelo seu papel na vida. Aceitar que a "ponte de transição" na qual eles estavam era unicamente deles. E, o mais importante, eu os encorajei a evitar "falar grego" e expressar sua experiência de um modo que os fortalecesse e honrasse sua passagem pela vida. Para a maioria, isso incluía aceitar mágoas profundas por não terem sido sinceros com os outros e com eles próprios em seu passado. Isso não era um trabalho fácil.

Uma noite, quando convidei as pessoas para partilhar seus sentimentos com o grupo, Trina, a mulher de 40 anos, deixou escapar: "O divórcio é uma coisa horrível. Deus nunca quer que a gente se divorcie. Isto nunca deveria acontecer com ninguém". Certamente suas palavras traziam algo de verdadeiro, mas seu tom e estilo eram de exortação e suas palavras rígidas. Eu a encorajei a externar sua opinião, ao contar a experiência.

– Você pode falar como foi a experiência para você e como você se sentiu? – eu disse. Ela esperou um momento antes de contar sua verdade de forma mais pessoal:

– O divórcio foi horrível para mim. Sinto-me triste e deprimida com isso. Eu agrido o tempo todo. Não fui preparada para a dor que ia sentir.

Ela começou a chorar enquanto falava. A corajosa participação de Trina deu liberdade a outras pessoas para compartilhar suas experiências sem medo de serem julgadas.

Sam manifestou-se com franqueza:

– Sinto muito pela sua situação, Trina – disse. – Mas isso realmente não é o ideal para mim. Eu estou feliz por estar separado da minha esposa, embora me sinta triste por nós e por nossos filhos. Minha esposa foi infiel a mim várias vezes, e realmente não podia continuar vivendo desta maneira. Lamento por não ter sido mais honesto comigo e com ela antes.

Daquela noite em diante nós experimentamos assumir a responsabilidade por nossos sentimentos e colocações. Falamos de nossa própria perspectiva em vez de falar aos outros como deve ser. Nós pusemos em prática estas valiosas técnicas:

- compartilhar o que sentíamos e pensávamos
- falar de um ponto de vista mais vulnerável
- ir em busca dos nossos sentimentos mais profundos
- não dizer aos outros como as coisas deveriam ser
- não dizer aos outros em que pensar e crer
- aprender a pedir exatamente o que nós precisamos

Preferências

"Falar grego" sempre implica se recusar a viver o presente. Este é um hábito de seguir o caminho fácil, ou seja, esperar que os outros leiam sua mente, que os outros saibam o que você pretende, sem ser específico, e que você não precise saber o que é importante para você. Em suma, "falar grego" é como pronunciar mal seu discurso. Pronunciar com clareza dá trabalho, assim como dizer o que você quer dizer, o que deseja e o que é importante para você. Qualquer coisa menos do que isso torna a comunicação difícil, na melhor das hipóteses, e impossível, na pior das hipóteses.

Falar grego é também contrário às Escrituras, que nos ensinam a sermos verdadeiros conosco e com os outros. Quando Jesus começou seu ministério, as pessoas não eram apenas atraídas por suas palavras, mas também ficavam irritadas por causa delas.

"De onde lhe vêm estas coisas? E que sabedoria é esta que lhe foi dada? e como se fazem tais maravilhas por suas mãos? Não é este o carpinteiro, filho de Maria, e irmão de Tiago, e de José, e de Judas e de Simão? e não estão aqui conosco suas irmãs? E escandalizavam-se nele" (Mc 6.2,3). Não há virtude em nos apegarmos aos nossos pensamentos até que eles se transformem em rancor. Sim, temos que temperar nossa maneira de falar com delicadeza, mas precisamos também "falar a verdade em amor".

Eu fiz um trabalho com Kendra e Kevin durante meses, pondo em prática as técnicas que descrevi neste capítulo. Após semanas de aconselhamento e horas de prática em casa, Kendra aprendeu a ser mais honesta com Kevin. Por intermédio de nosso exercício "aprofundando-se", Kendra descobriu que ela não ficava tão transtornada por causa dos gastos dele como ficava com a sensação de estar sendo deixada de fora da vida do marido. Ela se sentia abandonada e queria que ele passasse mais tempo com ela e usasse seus recursos financeiros para criar situações emocionantes para eles.

Imagine como era difícil para Kendra dizer isto: Eu fico triste quando você passa tanto tempo fora de casa e quero que você passe mais tempo comigo fazendo coisas diferentes. Sinto falta das vezes quando nós arrumávamos nossas coisas em cima da hora e íamos para a praia. Eu quero a surpresa e a alegria de volta em nosso casamento. Podemos fazer isso juntos?

Observe a aproximação desta linguagem, os pedidos específicos e a disposição de trazer energia ao casamento. Que gentileza para o seu marido! Casais que aprendem a falar como esse podem viver uma nova vida em seu casamento.

Embora Kevin não estivesse vibrando tanto com a sua proposta, ele se entusiasmou, pois se importava profundamente com Kendra e queria tornar o casamento deles mais rico. Juntos eles aprenderam a compartilhar seus sentimentos e preferências sem julgar um ao outro. Kendra experimentou aceitar o divertimento de Kevin com seus "brinquedos" sem criticá-lo. Ela também experimentou pedir exatamente o que precisava. Ele ainda tem seus "brinquedos", mas os dois começaram a viajar juntos com mais freqüência.

Kevin aprendeu desde então a ouvir Kendra com muito mais interesse. Mesmo quando ela se esforça para dizer o que é preciso, ele consegue colocar de lado suas prioridades para que possa ficar realmente sintonizado com ela. Sem dúvida, isso a faz se sentir importante. Embora escape de vez em quando um pouco de "grego" no seu relacionamento, uma conversa franca em inglês é a sua nova opção de linguagem.

Capítulo Cinco

Pare de Fazer o Papel de Deus:

A Arrogância não Tem Lugar no Casamento

O verdadeiro amor e a oração são aprendidos no momento em que orar se torna impossível e o coração se transforma em pedra.
– Thomas Merton

Ele era um homem enorme, andava empertigado, exibindo seu físico em frente às câmeras. Seu porte gigantesco ocupava a maior parte da tela da TV.

"Eu fui feito para isto!", ele gritava. Eu senti minha pele gelar. Zombando dos jogadores do time adversário, ele continuava: "Eu vivo para isto. Você é meu". Ele batia no peito para reforçar sua sensação de domínio.

Eu podia ter imaginado esta exibição brutal de bravata no mundo louco da luta profissional – de fato nós esperamos isso. Mas eu estava surpreso – chocado mesmo – de ver esta cena em futebol profissional. Mas suponho que o Futebol de *segunda-feira à noite* não seja o lugar para você ir se está procurando ver humildade. À medida que a noite passava, o jogo entre o Kansas City Chiefs e o Baltimore Ravens mais parecia uma batalha de egos do que atletismo.

Para aumentar o grau de sensacionalismo da competição, as redes de TV acrescentaram uma nova torcida. Eles criam os mais bombásticos e pomposos falastrões de modo que os espectadores reparem neles durante o tempo técnico, nas linhas laterais e até mesmo no meio da ação. O resultado final é uma exibição de egos.

Antes que as minhas leitoras concordem com o que eu estou falando, podemos observar uma variação deste comportamento nas mulheres. Numa ida recente a uma loja de departamentos de alto padrão, observei duas mulheres com mais ou menos trinta anos experimentando uma roupa cara quando eu passava pela seção feminina.

– Oh! Você está sexy nesta roupa. – a primeira mulher falou entusiasmada.

– Você acha isso? – a outra disse rindo.

– Verifique você mesma. – disse a primeira mulher, apontando para um espelho próximo. – Você conseguiu comprar aquele vestido. Você fica fabulosa de vermelho. Tão esguia e sexy.

– Eu amo essa cor. Talvez eu faça uma loucura e o leve.

Eu não queria me intrometer no desfile de ninguém, mas não estava convencido de que a mulher de vermelho parecia sexy. O vestido era horroroso e muito mal talhado. Quente, sim. Mas sexy? As mulheres estavam se enfeitando, se divertindo, admirando as escolhas uma da outra e absorvendo as coisas positivas. Elas não estavam nem um pouco interessadas em opiniões alheias. Deixe-me mostrar uma observação pessoal do meu próprio ego em ação.

Numa viagem à Europa no ano passado, acumulei bastante milhas para conseguir passar para a primeira classe. Que experiência! A cada etapa da viagem, eu era convidado para o *Admirals Club*. Eu sou apenas um homem comum. Não tenho posição social elevada. Mas ser servido com uma refeição variada antes mesmo de o avião decolar foi uma experiência estonteante. Os tripulantes abriram portas para mim, providenciaram toalhas aquecidas, antes e depois de cada refeição, e me ofereceram chinelos, fazendo-me sentir como se eu fosse VIP. Surpreendi-me pensando: *Eu bem que podia me acostumar a isso. Talvez eu seja tudo isso e um pouco mais.*

Se você está habituado com viagens aéreas, sabe que as Companhias de Aviação sempre acomodam primeiro os passageiros de primeira classe. Sutilmente, a princípio, e mais tarde não tão humildemente, eu comecei a me comportar de maneira arrogante enquanto passava para o início da fila. Caminhei a passos largos, confiante, em direção ao coletor de bilhetes como se eu tivesse feito isso um milhão de vezes antes. *Sim*, pensei comigo mesmo, enquanto examinava atentamente os outros passageiros menos afortunados, *sou um passageiro de primeira classe e vou me sentar antes de vocês.*

Porém, senti-me um pouco ambivalente. Eu não queria que ninguém me desse atenção especial, mas queria que todos notassem. Eu estava na primeira classe, e aquilo me trazia poder. Eu não era diferente dos outros; no entanto, estava a milhas (milhas de vôos freqüentes, para ser exato) acima do resto da multidão.

Em cada exemplo destes, nós vemos egos, vivos e em muito bom estado.

E o que tudo isso tem a ver com relacionamento? – você pergunta. Nosso quinto erro crítico tem tudo a ver com alguém se dar importância demais e se relacionar com os outros de maneira egocêntrica. Isso tem a ver com tratar seu cônjuge como se você fosse Deus.

Observe o atleta presunçoso no campo de futebol, as mulheres na loja de departamentos, ou aquele passageiro "voando mais alto" na primeira classe. As pessoas deixam essas atitudes no campo, na loja ou no aeroporto? Com muita freqüência eles a trazem para dentro de casa e para o casamento.

Com muita facilidade a presunção e o exultar com o mal alheio se instalam na maneira como nós falamos com nosso cônjuge. Com muita facilidade acreditamos ser os donos da verdade. "Ou é o que eu falo ou então não é nada": isso se torna o nosso refrão.

Dan e Meg — Fazendo o Papel de Deus

Dan e Meg vieram para o aconselhamento depois que passaram por uma crise em seu casamento, e seu pastor os encaminhou para mim. Meg decidiu deixar o lugar onde morava porque ela se sentiu sufocada por Dan. Ele não se opôs à mudança dela porque se sentia controlado e dominado por suas exigências. Ambos tinham procurado aconselhamento do pastor, que sugeriu então ajuda profissional.

Como é o caso de muitas pessoas, sua crise imediata era apenas a ponta de um grande iceberg. Outros problemas estavam escondidos mais profundamente em seu relacionamento, muitos resultantes de suas tentativas de fazerem o papel de Deus um com o outro.

Dan e Meg eram apaixonados no tempo da escola – jovens, ingênuos e cheios de si. Eles eram o clássico casal – líderes de animação, atraentes e astros de futebol bastante impetuosos. Tinham enfrentado situações difíceis ao longo do caminho, mas sabiam que queriam ficar juntos e se casaram logo depois da formatura.

O pai de Dan era proprietário de uma fornecedora de material elétrico, e Dan trabalhou lá durante o primeiro grau. Seu trabalho era seguro. Ele conseguiu juntar um bom dinheiro e estava caminhando rápido para o sucesso material. Meg trabalhava meio expediente como assistente de dentista e estava se preparando para se tornar dentista. Ela também já tinha uma meta traçada e estava destinada ao sucesso. Os dois eram impetuosos, determinados e com uma voz firme – qualidades que poderiam servir bem a eles se conciliada com seu relacionamento. De outro modo, essa determinação obstinada, que incluía o monopólio da verdade, podia arruinar seu casamento, que estava apenas começando. Embora ganhar dinheiro não fosse o problema, ter responsabilidade com ele era um sério problema. Tanto Dan quanto Meg gostavam de coisas requintadas, e o débito dos dois rapidamente ultrapassava seus rendimentos. Sua conta no Nordstrom, os pagamentos de carros novos para cada um deles e outros cartões de crédito e débito os tinham levado a uma tarefa monótona e árdua de tentar pôr em dia suas finanças. Ambos estavam preocupados com seus gastos, mas nenhum deles tomou a decisão de mudar as coisas. Ambos apontavam o dedo de acusação. Dan acusava Meg por comprar tantas roupas; ela o acusava por causa dos acessórios para o seu caminhão. Havia em seu relacionamento um constante clima de tensão por causa das suas contas.

Dan e Meg também tinham uma história de discussão cerrada sobre os amigos um do outro. Dan não gostava das amigas de Meg, porque elas lhe pareciam exibidas. Ele achava que as amigas poderiam influenciar Meg em "caminhos errados". Eram solteiras e queriam que Meg saísse com elas para tomar um drinque de vez em quando, e Dan insinuava que elas poderiam influenciar Meg a traí-lo. Meg achava que os amigos de Dan estavam exigindo demais de seu tempo e temia que eles o levassem para atividades prejudiciais, como o uso excessivo de álcool, que havia sido um problema anteriormente, no princípio da vida deles.

Quando encontrei-me com Dan e Meg, vi logo que ambos eram muito imaturos. Dan fez comentários maliciosos sobre Meg, e ela retribuiu à gentileza. Eles tinham a tendência de implicar um com o outro, usando o sarcasmo para expor suas idéias. Quando um agredia, o outro na mesma hora rebatia. Essa interação destrutiva levara Meg a se mudar e adquirir seu próprio apartamento.

– Então, me diga o que levou você a se mudar, Meg. – perguntei.

– Não tem mais graça ser casada com Dan. Ele me diz o que fazer, em que pensar, como gastar dinheiro e como minhas amigas deveriam ser. Eu não posso agüentar. Quando tento conversar com ele sobre nossos problemas, tudo é culpa minha.

– Bem, alguém tem que mostrar os erros que você comete. Você gasta dinheiro como se ele nunca fosse acabar – em coisas estúpidas. E, até onde eu sei, suas amigas são um problema.

– Mas os seus amigos são muito melhores, certo, Dan? – Meg retrucou. E você parece esquecer que gasta tanto dinheiro quanto eu.

– Não tanto quanto você, com certeza. "E" – disse ele voltando-se para mim – "você devia ouvir o que ela diz sobre os meus amigos".

– Eles são todos um bando de derrotados. Você não pode negar isso.

– Vê o que eu quero dizer? – Dan disse. – Ela critica severamente, mas não pode.

– Contenham-se um momento. – falei. – Porque vocês estão aqui, afinal? Estão mesmo interessados em lutar pelo seu casamento?

Meg olhou Dan de alto a baixo, depois voltou-se para mim.

– Eu não tenho certeza. Ele me deixa tão louca, se faz de humilde e cita a Escritura para mim – aquela história de que "o homem é o cabeça da casa". Eu odeio isso. Mas nós realmente fizemos coisas maravilhosas não faz muito tempo. Gostaria de recuperar isso.

– E você, Dan? – perguntei.

– Sim, eu ainda a amo. E não quero o divórcio. Mas, cara, algumas coisas têm que mudar. Eu odeio ouvir que minhas decisões são loucas, que meus amigos são tolos. Sinto-me imprensado num canto, humilhado, como se fosse um menino mau. Eu achava que era o homem da casa, mas não com ela, com certeza.

Gastei quatro ou cinco sessões com Dan e Meg, examinando seu relacionamento. Vários assuntos vieram à tona, com características sempre associadas a "fazer o papel de Deus". Veja se algumas dessas são habituais em seu casamento:

- Ambos se comunicavam menosprezando-se mutuamente, em vez de se dirigirem um ao outro com respeito.
- Ambos tinham uma tendência de dizer ao outro o que fazer em vez de pedirem que mudassem.
- Ambos eram muito críticos um do outro e expressavam suas críticas sem restrição.
- Ambos expressavam suas opiniões como se elas estivessem sempre certas, julgando o outro e condenando as suas ações.
- Ambos eram defensivos em relação aos seus próprios atos, raramente admitindo quando fizeram alguma coisa errada.

Podemos ver por que Meg e Dan queriam escapar desse tipo de tirania. Por que eles permaneceriam em uma relação onde não se sentiam amados e valorizados? Por que eles ficariam perto de alguém que lhes dizia como pensar, sentir e agir?

Esse comportamento – a insistência de "fazer o papel de Deus" – estava decisivamente desgastando o casamento deles e é bastante comum nos casamentos de hoje.

John Gottman e os Quatro Cavaleiros do Apocalipse

Não, isso não tem nada que ver com algum filme sobre os últimos tempos. Realmente, "Os Quatro Cavaleiros do Apocalipse" é uma expressão usada pelo famoso pesquisador sobre casamento, da Universidade de Washington, John Gottman.[1] Ele descobriu quatro fatores inteiramente relacionados ao divórcio. São eles: censura, desprezo, autodefesa e discurso reticente. Censura e desprezo são totalmente pertinentes ao nosso debate neste capítulo.

Quando examinamos de perto o relacionamento de Dan e Meg, vamos ver que eles se tornam mutuamente críticos e desdenhosos um com o outro. Em sua arrogância, acreditando saberem o que é melhor um para o outro, eles revelavam desprezo. Não são apenas críticos sobre algumas questões, mas completamente críticos. Nada que seu cônjuge imagine fazer é digno de elogio. Essa combinação de fatores, Dr. Gottman diz, é mortal para um casamento.

Gottman diz que o sarcasmo e o cinismo são formas de desprezo, assim como xingamento, "caras e bocas", escárnio e hostilidade. "Seja em qualquer forma, o desprezo – o pior dos quatro cavaleiros – é venenoso para um relacionamento, porque ele transmite aversão e indignação. É praticamente impossível resolver um problema quando seu parceiro está recebendo a mensagem de que você está com aversão a ele ou a ela."[2]

O desprezo se revela gradativamente numa relação matrimonial. Ele raramente acontece de repente. Se não for corrigido, vai ter um efeito destrutivo. Entretanto, o desprezo não pode prosperar num coração humilde. Ele não pode existir quando as pessoas estão tentando viver em paz e harmonia. Reflita sobre o que o apóstolo Paulo tem a dizer sobre humildade: "Porque, pela graça que me é dada, digo a cada um dentre vós que não saiba mais do que convém, mas que saiba com temperança, conforme a medida da fé que Deus repartiu a cada um" (Rm 12.3).

Não se engane – a humildade não é uma característica fácil de adquirir. Em nossa sociedade, parece que nos debatemos com baixa auto-estima – questionando, por exemplo, se somos bastante bons para cantar no coral – ou com excesso de valor, a soberba – achando que devemos ser sempre os primeiros, como, por exemplo, para preencher a vaga do presbitério. Nós oscilamos entre o receio de dar nosso ponto de vista e a certeza de que nossa perspectiva é a correta. Receber uma opinião saudável e cuidadosa sobre nossas forças e fraquezas pode ser um verdadeiro desafio. Mas o Espírito Santo pode nos iluminar nesta questão mais importante, especialmente se ela diz respeito ao nosso casamento.

Cristo, naturalmente, nos dá uma idéia do equilíbrio perfeito. Considere que ele, sendo Deus, mesmo assim não ostentou seu poder. Isso é suficiente para nos fazer hesitar. O apóstolo Paulo nos desafia: "Completai o meu gozo, para que sintais o mesmo, tendo o mesmo amor, o mesmo ânimo, sentindo uma mesma coisa. Nada façais por contenda ou por vanglória, mas por humildade; cada um considere os outros superiores a si mesmo" (Fp 2.2,3). Ele nos exorta a termos a mesma atitude que Cristo "... que, sendo em forma de Deus, não teve por usurpação ser igual a Deus, mas esvaziou-se a si mesmo, tomando a forma de servo, fazendo-se semelhante aos homens; E, achado na forma de homem, humilhou-se a si mesmo, sendo obediente até à morte, e morte de cruz" (6-8).

Invasão de Limites

Quando examinamos o casamento de Dan e Meg, observamos muitos problemas, incluindo questões com censura e desprezo. O mais falado em meu trabalho com eles, porém, era a sua falta de limites. Limites saudáveis preveniriam estes comportamentos prejudiciais:

- Dan estava dizendo a Meg o que ela estava pensando (e vice-versa).
- Meg estava dizendo a Dan o que ele "deveria" e o que "não deveria" fazer (e vice-versa).
- Eles estavam dando opiniões indesejadas.
- Eles estavam rotulando os atos um do outro como "certos" e "errados".
- Eles estavam se culpando um ao outro pelos problemas em seu casamento.

Enquanto trabalhava com Dan e Meg, descobri que não tinham noção o qunato era tão destrutivo o que eles estavam fazendo. Eles nunca tinham feito uma retrospectiva para refletir e considerar o que estavam fazendo com o seu casamento. Também nunca tveram um momento para se perguntarem o que estavam dispostos a fazer para conseguir conviver. Eles nunca tinham perguntado isso, por serem tão presunçosos a ponto de denunciar os erros um do outro.

Limites, como eu debati minuciosamente no meu livro anterior, *When Pleasing Others Is Hurting You* (Quando Agradar aos outros Magoa Você), determinam o que é de minha responsabilidade e o que não é. Eles mostram o que eu posso mudar, o que é de minha responsabilidade mudar e o que não é. Dan e Meg não tinham compreensão desses conceitos, e um de nossos primeiros passos no aconselhamento foi impor limites saudáveis.

Todos os relacionamentos saudáveis são construídos sobre um alicerce de limites saudáveis. O primeiro passo é admitir que, *embora* duas pessoas estejam casadas, elas não são pessoas idênticas. Elas têm diferentes idéias, sentimentos diferentes e apreciam coisas diferentes. As pessoas, nos relacionamentos saudáveis, aceitam esses fatos. Carmen Renne Berry e Tamara Traeder, em seu livro *Girlsfriends* (Amigas), observam: "todas as amizades sadias funcionam dentro de limites consentidos por ambas as partes. Ocasionalmente, uma amiga vai achar isso necessário para impor limites, por ela própria, caso se sinta constrangida ou até mesmo melindrada com a outra".[3]

Dan e Meg aos poucos começaram a ver que dizer ao outro o que ele deveria ou não fazer podia ser muito aviltante. Eles aprenderam que, quando mantinham rigidamente uma posição sobre um assunto e continuavam dizendo ao outro que ele estava errado, eles desgastavam seu amor e estavam fazendo com que o outro se sentisse diminuído; e isto nunca traz benefício a um relacionamento.

Vivendo em Oposição

Podemos gostar de assistir à exposição de músculos dos jogadores e às bravatas no campo de futebol, ou entrar num debate de possibilidades criativas no local de trabalho, mas viver em contínua oposição com seu cônjuge tem um preço alto em seu casamento. E viver em oposição começa com atitudes que podem revelar que alguém está fazendo o papel de Deus.

Imagine um homem solitário chamado Bert, que tem apenas uma vaga noção de suas atitudes antagônicas. Agora, aos setenta e poucos anos, Bert mora sozinho. Ele é um homem enrugado, com uma barba grisalha alvoroçada. Suas roupas são gastas, manchadas e trazem um cheiro intenso de cigarro. Suas unhas são amareladas por causa do tabaco. Bert tem uma franqueza fora do comum, fala sem rodeios e não se importa muito com o impacto de suas palavras.

Ele veio me ver por causa de sintomas de grave depressão, resmungando por ter que procurar uma "saída", e disse que tinha vindo com muita má vontade – ele percebeu que não tinha outro recurso para combater seu estado de abatimento. Estava dominado por uma tristeza permanente desde que sua última esposa o deixara, há muitos anos, principalmente por causa da sua intolerância. Ele não tinha amigos e só ocasionalmente ia à igreja, que era a sua única saída para um apoio social.

Hoje, ele ainda consegue descobrir falhas na sua ex-esposa e, obcecado pelos defeitos dela, não quer admitir que sente a sua falta. Ele estranha por que ninguém quer saber dele. A amargura brota por todos os seus poros. Pensa em seus filhos com tristeza, porque não telefonam para ele.

Bert passa o tempo vendo novelas e contando os ônibus escolares quando passam perto de sua casa mal iluminada. O jornal diário é sua única ligação com o mundo externo. Como era de se esperar, ele critica até o "jornaleco diário".

Dizer que Bert é supercrítico é como dizer que chove pouco em Seattle, em novembro. Quando as pessoas não dão retorno imediato aos seus telefonemas, é que elas não se importam nem um pouco com ele. Quando esquecem de agradecer-lhe, é porque são ingratas. Os outros nunca fazem o suficiente para ele, e o mais espantoso – ele não consegue perceber como é exigente e como faz tão pouco pelas outras pessoas. Bert não pode gostar nem mesmo de sua própria companhia. Seu comportamento e atitude crítica estão profundamente entranhados, e nós dois compreendemos que ele tinha muita coisa a ser trabalhada, se ele queria encontrar a felicidade novamente.

Bert não foi sempre desse jeito. Conforme conta, ele teve uma vida feliz até à adolescência, quando seu pai começou a beber e se tornou violento com sua mãe. Bert foi o mais atingido pela violência de seu pai. Ele saiu de casa logo que pôde, para fugir dessa loucura, e se juntou aos marinheiros. Lá ele aprendeu a ser uma máquina de lutar – esguio e mau. Não mudou muito desde então. Casado várias vezes, ele tem uma história de uso excessivo de álcool, que se agravou posteriormente com os problemas de depressão e isolamento. Ele tem tido outros problemas em cada área de sua vida.

Bert consegue admitir que ele é "um tanto difícil e exigente". Reluta, mas admite que passou a sua vida como um general, sempre comandando. Agora, sozinho e revoltado, continua a culpar outras pessoas por seus problemas e não vai encontrar alívio até que seja capaz de enxergar o papel que representa nesses problemas. Vive encerrado numa prisão que ele mesmo preparou – vivendo em oposição ao mundo – acreditando que ele está certo e que o resto do mundo está errado. Com seu jeito esquisito, Bert fez um esforço para me mostrar que era capaz de um gesto de afeição. Depois de me ouvir contar-lhe como eu gostava de café, ele trouxe para mim o café mais forte que eu já tomei. Eu sorri educadamente, enquanto aquela dose concentrada de cafeína atingia o meu cérebro. "Eu particularmente gosto muito desse tipo de café"– disse ele com um grande sorriso. Eu podia ver, pela satisfação em seus olhos, que ele não estava sendo nem um pouco distante. Bert queria um alívio – uma ligação com alguém que pudesse compreender seu mundo escuro, solitário e egocêntrico. Ironicamente, a depressão de Bert pode um dia se transformar em sua graça salvadora, pois por intermédio dela, ele pode se tornar mais humilde e determinar que não há como viver feliz em oposição aos outros. Em sua profunda tristeza, ele pode admitir que os outros nem sempre estão errados, que ele pode fazer algumas mudanças. As chaves para o seu consolo são humildade e tolerância – a dura conscientização de que ele não é Deus e que deve parar de julgar os outros se realmente quer ser feliz.

O Supercontrolador

Bert é um homem depressivo e zangado. Ele é um modelo do nosso quinto erro crítico. Outros modelos são um pouco mais sutis. Uma variação deste tema é o *excesso de controle e comando.* Sem dúvida você conhece alguém que age como Dan ou Meg, ou Bert.

Talvez você possa identificar indícios do tirano egocêntrico e arrogante, na maneira como às vezes você briga – embora com mais sutileza. Você descobriu que gosta de fazer o papel de Deus? Você já se sentiu tentado a dizer aos outros como viver suas vidas, como se eles mesmos não fossem capazes de fazer isso?

Harriet Goldhor Lerner, autora do livro The Dance of Intimacy (A Dança da Intimidade), fala sobre esta questão com detalhes. Ela chama de supercontroladoras as pessoas com estes problemas e registra uma série de traços comuns a elas.

- Elas sabem o que é bom para elas e também para os outros.
- Elas assumem rapidamente o controle para advertir, determinar, auxiliar e assumir o comando quando vem o stress.
- Elas têm dificuldade de ficar fora das questões das outras pessoas e de permitir que elas enfrentem seus próprios problemas.
- Elas evitam se preocupar com seus próprios objetivos e problemas, concentrando-se nos objetivos e problemas dos outros.
- Elas têm dificuldade de compartilhar sua vulnerabilidade e necessidade de controlar, especialmente com aquelas pessoas que elas acreditam ter problemas.
- Elas podem aparentar que estão sempre "seguras" ou sempre "juntas".

Lerner acrescenta: "Se nós somos controladores, poderemos verdadeiramente acreditar que Deus está do nosso lado. Com certeza, fazemos tudo que é possível para sermos úteis, e a causa maior de nossa aflição é a outra pessoa – que não consegue ou não está disposta a agir de acordo com as expectativas".[4]

Ter um parente ou um vizinho com essas qualidades é uma coisa, mas conviver com uma pessoa dominadora é um problema bem diferente. De fato, essas características não são simplesmente incômodas; são tóxicas para a saúde de um casamento. Veja como você se classifica na lista acima. Com que facilidade você se torna excessivamente controlador?

Um outro aspecto do controle excessivo implica admitir nossas projeções. Isto significa que, sempre que estamos dizendo aos outros como viver suas vidas, estamos realmente representando alguma parte escondida e sombria de nossa própria vida. Nós desaprovamos nos outros aquilo que não podemos tolerar em nós mesmos. Somos intolerantes com as características dos outros porque essas são as mesmas características que desaprovamos em nós.

Dan, Meg e Bert algumas vezes eram excessivamente controladores. Sempre que eles tentavam fazer mais do que deveriam, estavam sendo controladores. Quando faziam pelas pessoas alguma coisa que as próprias pessoas deveriam ter feito, eles estavam exercendo o controle excessivo. Toda vez em que eles tentavam controlar a vida de alguém – ainda que suas intenções fossem boas – eles estavam passando dos limites.

Stephanie Dourick, em seu livro *Forgiveness and Other Acts of Love (Perdão e outros Atos de Amor)*, apresenta este desafio e estímulo:

> Só pelo risco de saber como você é complexo e contraditório, e admitir quem essa pessoa é, você é capaz de descobrir que realmente pode tolerar seus próprios desejos desagradáveis, necessidades e emoções, e não mais precisa acreditar que eles estejam acontecendo em outro lugar... Sabendo quem você é, sentindo-se responsável por quem você é e o que faz, é possível tolerar muito mais do que a vida lhe traz e sentir-se cada vez mais confiante de que você pode fazer isto.[5]

Se gastamos mais tempo ouvindo o que está acontecendo dentro de nós e admitindo os aspectos desagradáveis de nossa natureza, vamos gastar menos tempo criticando os outros. Quando vemos a viga em nosso próprio olho, não ficamos tão preocupados com o cisco no olho de outra pessoa. Que conceito poderoso!

O Poder da Imposição

Por ser tão destrutivo o controle arrogante, devemos nos perguntar por que o achamos tão atraente. A resposta se encontra em uma palavra: *poder.*

Sim, está certo. *Imposição traz poder.* Aqueles que dominam ou agem como ditadores com relação às famílias descobrem algum mérito em dar as ordens. Vêem um trabalho que precisa ser feito e assumem, eles mesmos, o encargo para garantir que ele pode ser realizado. Aquele que é dominador (pai ou mãe) diz à família como as coisas serão feitas – e a palavra deles é lei. As pessoas usam a força bruta e que envenena para preencher lacunas em suas almas, resultantes de auto-estima perdida por muitos anos de turbulências vividas em família.

Uma outra razão para falar com imposição é o papel da infância. Os "sargentos mandões" geralmente não nascem assim; são "fabricados". Muitos descobrem cedo, na vida, que seu papel na família será cuidar dos outros. Eles começam dando ordens arbitrariamente, dando ordens aos irmãos mais novos e, mais tarde, vão bancar os mandões com seu cônjuge.

Outros aprendem erroneamente que o mundo é branco e preto, certo e errado. Muitas pessoas realmente acreditam que há um modo certo de fazer as coisas e que tudo mais está errado. Pessoas com esta visão limitada do mundo é como se espremessem seu cônjuge dentro de caixas, que podem ser muito sufocantes. As pessoas que se impõem com rigidez podem até não estar conscientes de que estão controlando os outros com esta maneira limitada de pensar. O universo dos autoritários é pequeno, e eles esperam que você se amolde a ele. Se você tem quaisquer dúvidas sobre a sua veracidade, eles podem lhe dar muitas provas que sustentam a sua posição!

Finalmente, *a imposição sempre desperta uma reação da outra parte.* Quando uma pessoa faz alarde sobre sua visão "correta" do mundo, a pessoa que está como receptora torna-se naturalmente defensiva. As duas partes tomam suas posições, constroem obstáculos de proteção e trazem reforços para proteger seu território. Elas reduzem seus relacionamentos a uma luta de perdedor e vencedor.

Confrontar essas diferentes razões para se impor exige um grau muito elevado de maturidade. A mudança começa quando compreendemos que fazer o papel de Deus não tem lugar num relacionamento vibrante e criativo. Compreender e respeitar os limites do outro exige força e humildade. Isto requer que permitamos a eles mudar e amadurecer em seu próprio ritmo. Só com uma séria determinação podemos deixar que os outros cometam seus próprios erros e aprendam com eles. Nós precisamos de força para nos manter neutros numa situação e permitir que os outros sigam o rumo de suas próprias escolhas. Às vezes, se nos mantivermos fora de uma situação e simplesmente nos oferecermos para orar, isto é mais magnânimo do que nos inserirmos na vida do outro com a desculpa de socorrer.

O Amor é Independente

Scott Peck compartilha uma outra perspectiva sobre a importância da independência e da individualidade nos relacionamentos.

> Embora o ato de cultivar o crescimento espiritual de outra pessoa tenha o efeito de cultivar o seu próprio crescimento, uma característica importante do amor genuíno é que a distinção entre você mesmo e o outro é sempre mantida e preservada. Os que amam verdadeiramente sempre consideram a pessoa amada como alguém que tem uma identidade totalmente independente. Além do mais, quem ama genuinamente sempre respeita e até estimula essa independência e a individualidade peculiar da pessoa amada. Porém, deixar de perceber e respeitar essa independência é extremamente comum e a causa de muita doença mental e sofrimento desnecessário.[6]

Peck prossegue explicando que a incapacidade de compreender a independência do outro chama-se narcisismo – algo que Dan e Meg possuíam em grandes doses. Essencialmente, o narcisismo diz: "Você vai pensar como eu, ser como eu e fazer o que eu quero que você faça". Isso mostra que não está havendo os limites sadios e que não é possível considerar os outros como seres independentes de nós. Nossos cônjuges são simplesmente extensões de nossas vontades em vez de pessoas independentes, com pensamentos e sentimentos independentes – pensamentos e sentimentos que eles consideram como perfeitamente aceitáveis. Minha clientela é em grande parte constituída de mulheres que, num sentido ou no outro, perderam sua individualidade por meio de um processo traiçoeiro. Imagine a mulher que cresce esperando ser mãe, esposa, cuidadosa. Ela é criada para dar, para devotar mais tempo aos outros do que a si mesma. Ela quer deixar sua marca no mundo dos negócios, mas sempre acha que suas responsabilidades acabam sugando seu sangue. Seus filhos esperam tanto dela; seu marido espera mais ainda; seu chefe quer tudo isto e um pouco mais.

Sutilmente, mas incessantemente, a independência denuncia esgotamento e desânimo. Então, muitas forças influentes dizem a ela como pensar, como comportar-se e ser. Finalmente, numa frustração humilhante, ela pode revelar-se competente.

Quando consideramos o problema nestes termos, podemos ver a destruição que a falta de independência provoca em um casamento. Ainda por causa da negação, muitas pessoas, como Dan e Meg, estão tentando manter o controle um sobre o outro enquanto não conseguem se ver mutuamente como seres humanos, capazes de sobreviver sozinhos, capazes de dirigir suas próprias vidas.

O poeta Khalil Gibran escreveu sobre o valor da independência nos relacionamentos.

> Mas deixai haver espaço em vossa união,
> E deixai os ventos do céu bailar entre vós.
> Amai um ao outro, mas não façais do amor um compromisso;
> Antes deixai um mar se movimentar nas praias de vossas almas.
> Enchei o cálice um do outro, mas não bebais do mesmo cálice.
> Dai de vosso pão um ao outro, mas não comais do mesmo pão.
> Cantai e dançai juntos e alegrai-vos, mas deixai um ao outro um pouco sozinhos,
> Mesmo que as dores de um luto estejam solitárias como se palpitassem com a mesma música.
> Entregai vosso coração, mas não vos deixeis prender.
> Pois somente a mão da Vida pode conter nossos corações.
> E permanecei juntos, mas não em exagero;
> Pois as colunas do templo ficam separadas,
> E os carvalhos e ciprestes à sombra uns dos outros.[7]

Sentia-me atraído pela obra de Kahlil Gibran durante os angustiados e melancólicos anos da juventude. Ele tinha um modo de dizer as coisas que eu sentia, mas não sabia como expressar. Lembro de ter lido as palavras acima e me sentido inebriado por elas. O que ele queria dizer quando se referiu a "espaços na vossa união?" Agora eu vejo a verdade que essas palavras contêm.

Ouça Peck novamente quando ele descreve as viagens solitárias no casamento. "Isto é o retorno do indivíduo, dos montes por onde peregrinou sozinho, ao aconchego do casamento ou da sociedade, que serve para elevar esse casamento ou sociedade a novos patamares. Dessa forma, o crescimento individual e coletivo se tornam interdependentes, mas sempre é inevitável se sentir sozinho quando se está fora da zona de conforto."[8]

Solidão

Para muitas pessoas a solidão pode ser alarmante. De fato, alguns acreditam que ela é perigosa para a saúde do relacionamento. Eu discordo. Doses razoáveis de solidão, como temperos num prato requintado, aumentam o sabor e a qualidade da relação.

Anthony Storr, em sua obra inovadora, *Solitude* (Solidão), escreve que a capacidade de estar confortavelmente só é um sinal de maturidade. Ao contrário, uma dependência de outros é sinal de imaturidade. Storr insiste em que a solidão pode ser um valioso recurso. "Ela capacita os homens e as mulheres a entrarem em contato com seus mais profundos sentimentos para aceitar a perda, para selecionar suas idéias, mudar de atitudes".[9] Ele compara a solidão com o tempo para sonhar – tempo quando nós elaboramos os acontecimentos desafiadores em nossas vidas.

Para algumas pessoas, a idéia de estarem sozinhas é assustadora. Elas abrigam inseguranças que reforçam quando estão com o cônjuge, os filhos ou amigos a qualquer momento possível. Mas essa armadilha não é saudável para as pessoas que têm medo da solidão ou para as pessoas em quem elas confiam. Nós deveríamos ter em mente que algumas vezes Cristo escolheu ficar sozinho para ponderar suas idéias e sentimentos, e para estar em comunhão com o Pai.

Eu preciso de um pouco de solidão para manter meu bem-estar emocional. Isso não é um comportamento anti-social; só preciso de tempo para me concentrar, para que eu seja um indivíduo mais saudável e mais amável. Tenho mais a oferecer depois de ter tido tempo para caminhar e orar. Acho que sou mais paciente com os outros e sinto muito menos necessidade de determinar, controlar ou manipular depois de ter tido tempo de arrumar as emoções em meu coração.

Recentemente, um amigo me questionou por eu sair de um compromisso de jantar antes que os outros saíssem. Ele achou que eu tinha ficado zangado ou frustrado com alguma coisa. Depois de lhe agradecer por sua preocupação, garanti a ele que eu estava totalmente em paz. De fato, deixei a reunião exatamente na hora certa, depois que me senti completamente "cheio" com a comida e com a conversa. Também falei que queria passar um tempo sozinho, mais tarde, naquela noite. Disse que esperava que ele me entendesse e que não considerasse minha saída uma afronta pessoal.

As perguntas dos meus amigos mostram que os outros nem sempre podem compreender nossa necessidade de ficarmos sozinhos. Eles podem considerar nosso interesse pela solidão como uma rejeição pessoal, mesmo que não seja.

Nós podemos fazer o possível para explicar, mas definitivamente, a questão é para eles resolverem.

Individualismo Esquivo

Quando falo sobre o perigo de um comportamento, tenho consciência de que os leitores podem até acreditar que estou fomentando o oposto. Eu não estou. O comportamento radical, principalmente quando ele tem a ver com a delicada dança do relacionar-se, quase sempre acabará em dificuldade.

Muitas vezes, na minha profissão, testemunhei as situações embaraçosas dos casais. Eu tenho visto pessoas audaciosamente dizerem a seus cônjuges como eles devem pensar e se portar. Esse comportamento radical, em forma de violação dos limites emocionais do outro, é muito destrutivo. Contudo, eu também vejo, com muita freqüência, o oposto – casais com um tipo de vida "aceite o modo de viver do outro". Neste caso, não há casamento, ao que me parece.

Às vezes, pode ser difícil achar o equilíbrio. Considere os cônjuges que, diante do risco de serem honestos e importunos,...

- evitam dar sua opinião
- raramente compartilham seus sentimentos
- raramente fazem um pedido ou uma exigência
- não conseguem diferençar suas convicções das dos outros
- não querem se arriscar a ficar dependentes de uma outra pessoa

Esses traços não coincidem com nossa definição de intimidade sadia. Em vez disso, eles se ajustam ao indivíduo que quer manter uma distância segura de qualquer aproximação. O controle excessivo pode trazer seus próprios problemas; mas isso pode acontecer também com os comportamentos distantes dos individualistas esquivos. Estes, com freqüência, pecam por abrir mão do controle completamente. Nenhum destes caminhos nos leva ao sagrado terreno da intimidade.

Submetendo-se Mutuamente em Amor

Então, como encontramos o equilíbrio? O que lhe parece? Eu creio que a resposta está, pelo menos em parte, em nós tolerarmos, cada um, as diferenças entre nós e nosso cônjuge. Nós devemos compreender que essas diferenças são o que nos atraiu para eles logo de início. Ao tolerar as diferenças, estamos pondo em prática a orientação do apóstolo Paulo, que é de nos submetermos um ao outro em amor. "Falando entre vós em salmos, e hinos, e cânticos espirituais; cantando e salmodiando ao Senhor no vosso coração; dando sempre graças por tudo a nosso Deus e Pai, em nome de nosso Senhor Jesus Cristo; sujeitando-vos uns aos outros no temor de Deus" (Ef 5.19-21).

Esta passagem tem sido deturpada e fica quase irreconhecível em algumas interpretações. Muitas vezes eu ouço pessoas fazendo malabarismos com essa passagem em favor daquele versículo que diz que as esposas têm que se submeter aos seus maridos – que os homens são o cabeça da casa. Mas pegar esse versículo isolado da passagem anterior destrói o significado da Escritura. Nós podemos ser tentados a controlar os outros, para transformá-los em alguma espécie de imagem que nós formamos. Mas este tipo de intolerância não é o que Paulo está falando.

A idéia de Paulo era que maridos e esposas devem submeter-se mutuamente. Eles devem ser sensíveis às necessidades um do outro e fazer o possível para alcançá-las. Eles precisam ver seus cônjuges como distintos, como independentes deles, com necessidades peculiares, e não devem controlar ou dominar o esposo, ou a esposa, ou dizer a eles como devem viver. Também não devem viver inteiramente separados do seu parceiro. Paulo idealizou uma interação íntima e santa entre marido e mulher: "Assim também vós, cada um em particular, ame a sua própria mulher como a si mesmo, e a mulher reverencie o marido" (v. 33).

Dan e Meg eventualmente usavam essa passagem para aprimorar seu relacionamento. Eles evitavam criticar um ao outro e, em vez disso, procuravam estimular-se mutuamente. Quando queriam uma mudança, pediam isto de maneira respeitosa, dando ao outro a liberdade de discordar. Em vez de dizer ao outro como viver, eles tentavam vê-lo como um adulto totalmente independente e com autocontrole, mesmo quando eles não gostavam das coisas que o outro fazia.

Ver Meg e Dan colocando em prática essas técnicas no contexto de suas questões específicas era emocionante. Dan revelou que o costume de Meg de sair com suas amigas, em combinação com o que ele considerava um jeito indecente de se vestir, o assustava. Eventualmente ele conseguia dizer isso a Meg, sem desrespeitá-la nem pôr em dúvida seu caráter. E, o mais importante, ele falava com ela sem exigir que mudasse. Como Dan adaptou seu estilo de comunicação, inclusive admitindo suas inseguranças, Meg se tornou mais disposta a limitar seus passeios – o que trouxe grande alegria para ele.

E porque Meg se tornou mais e mais impressionada com as mudanças que observou em Dan, seu ressentimento começou a desaparecer. Ela conseguia compartilhar seus temores a respeito da bebida de Dan e o que achava de questionável no caráter de seus amigos. Porque Dan sentia muita pena de Meg, ele estava disposto a mudar seu comportamento. Juntos, este casal conseguiu atingir um momento de grande vitória em seu relacionamento.

Nesta atmosfera de respeitabilidade, tanto Dan quanto Meg podiam, com mais facilidade, mudar seus gastos e rever os padrões na escolha dos amigos. Nesse tempo em que estou escrevendo este livro, eles já estão considerando a possibilidade de voltar posteriormente para um acompanhamento sobre limites saudáveis em seu casamento.

Talvez a situação de Dan e Meg seja igual a sua. Você precisa compreender o fato de que não pode mudar seu cônjuge. Mesmo quando você está a postos e observa seu cônjuge fazendo alguma coisa que incomoda os seus princípios, tudo que você pode fazer é conversar sobre o assunto com ele, ou ela. Quase sempre isso é muito poderoso para resolver a questão.

Você deve procurar se ajustar à sua incapacidade, sabendo que não é possível exigir que seu marido ou esposa mude para satisfazer seus desejos. Você não pode dar conselhos ou impor verdades ao seu cônjuge, por mais tentado que se sinta. Até Jesus respeita nossa individualidade e o direito de aceitá-lo ou rejeitá-lo. Ele nos dá o poder de escolher, e nós devemos fazer o mesmo. Lembre-se de que Deus é Deus, e você não é Deus – e a vida fica melhor desse jeito!

Capítulo Seis

Pare de Remoer o mesmo Assunto:

A Importância do Perdão

A fraqueza é uma força poderosa no universo;
não devemos desperdiçá-la. Se você quer se convencer
da força dos humildes, pense na influência que eles têm sobre nós
– Veronique Vienne

Recentemente eu tive uma conversa melancólica com um alemão de meia idade, que conheci numa aula a qual ministrei em minha igreja. Esse homem gordo e calvo se aproximou de mim, depois da aula, visivelmente preocupado. Conversamos sobre sua frustração por causa do conflito crônico entre seus três filhos, de 4, 7, e 11 anos. Karl e sua esposa, Gudren, eram bem-sucedidos na vida profissional como designers e decidiram ter filhos um pouco tarde. Ele me disse que sua esposa e ele não tinham calculado bem os desafios que as crianças pequenas significariam. Embora a paternidade trouxesse alegria, eles falaram francamente sobre o esgotamento que a situação estava causando em sua vida matrimonial.

"Das tropfende wasser hohlt den Stein" – disse ele suavemente, desviando o olhar.

Quando Karl olhou de novo para mim, seu olhar se encheu de tristeza. Eu lhe perguntei o que ele havia dito. O pouquinho de alemão que eu sabia agora estava esquecido.

Ele vacilou, como que lamentando ter dito isso, e continuou, falando sobre um ditado comum: "Água mole em pedra dura tanto bate até que fura". Sorri concordando e lhe disse que me era familiar um provérbio que diz essencialmente a mesma coisa: "Uma esposa brigona é como um gotejar que não pára".

– Oh, não! – falou visivelmente consternado. – Eles não são a mesma coisa, absolutamente. Não, não mesmo!

– Por que não? – perguntei.

– Ser importunado é uma coisa, mas ter a sua vida consumida é muito mais.

– Sim, eu sei. Eu percebo a diferença. Você e sua esposa sentem como se as brigas das crianças tirassem alguma coisa de vocês?

– Sim, especialmente minha esposa. Sinto tanto por ela. Nossos filhos não têm a intenção de nos magoar, mas seu constante terrorismo uns com os outros tira algo de nós que não podemos repor. A briga deles parece não ter fim e atinge a nossa felicidade. E nós questionamos sobre a nossa decisão de termos tido filhos. Isso me entristece.

Fiz uma pausa e refleti sobre sua reação.

Karl estava certo. Os dois ditados eram diferentes.

Quem nunca foi acordado por causa de uma torneira pingando?Quem nunca foi incomodado por uma porta rangendo?

Sim, essas coisas nos incomodam. Mas Karl estava descrevendo uma situação que ia muito mais além. Sua situação envolvia a constante e irritante disputa das crianças, mas isto é igual aos cônjuges atormentando um ao outro com críticas incessantes.

Conhecemos bem a força que a água pode exercer sobre o tempo. Ela tem a capacidade de corroer a integridade do granito. Observamos as pedras polidas na praia, desgastadas pela erosão do mar. Vemos onde a queda d'água escava o caminho por entre a pedra bruta. Vemos onde os rios formam corredores por entre as cadeias das montanhas.

O erro grave que vamos discutir neste capítulo é muito semelhante à força da água na pedra. Muito mais que um assunto repetido, irritante – neste caso, discutir novamente com seu cônjuge sobre uma questão já esgotada – tem o poder de corroer a solidez de um casamento. Insidiosamente, esta força destrutiva consome uma relação, pedacinho por pedacinho, quase sempre sem aviso.

Durante muitos dias deleitei-me com o provérbio alemão e sua aplicação ao casamento. O que acontece quando os casais continuam levantando questões antigas que estão mais do que esquecidas? Essas conversas são mais próprias da mulher resmungona (ou do homem) – uma fonte de irritação, mas relativamente inofensiva à integridade do casamento? Ou elas são mais como água na pedra, ao longo do tempo, corroendo a resistência e a estrutura da relação? Vamos examinar como fazer a diferença em seu casamento e o que fazer a esse respeito.

Jean

Jean é uma mulher de 35 anos, que veio me procurar por causa de uma questão desgastante em seu casamento. Uma mulher de pequeno porte, atraente, que gostava de seu trabalho de vendedora de meio expediente em uma empresa de pneus. Não fosse por um dilema, sua vida poderia ser perfeita – disse ela.

– Eu tenho um casamento maravilhoso. Tim e eu estamos casados há quinze anos. Ótimos anos. Eu amo muito o meu marido, e ele me ama. Ele é professor, por isso nós temos muitas horas de folga juntos. Decidimos não ter filhos e nunca nos arrependemos disso. Passamos as férias viajando e estamos completamente envolvidos na comunidade. Temos apenas um problema, e ele tomou proporções maiores com o passar do tempo – meu marido não pára de me aborrecer por eu fumar.

– Então me diga como você tem controlado isso. – perguntei.

– Bem, durante anos ele fumou também; por isso, o fato de eu fumar não tinha grande importância. Mas, nos últimos anos, nós dois nos conscientizamos mais em relação à saúde, e há dois anos Tim deixou de fumar. Reduzi, mas não parei. Sinto-me péssima por continuar fumando; então, escondo meus cigarros. Eu sei o quanto ele odeia isso, e eu também, mas não consegui abandonar o fumo. Já tentei hipnose, gomas de mascar e outras táticas, mas nada funcionou. Agora, toda vez que ele me surpreende fumando, temos uma briga tremenda.

– Conte-me mais, Jean, por que você agora esconde que fuma, se era uma coisa que você fazia abertamente?

– Tim me faz verdadeiros "sermões". Ele recorta artigos de jornal sobre câncer de pulmão e os deixa à mão para que eu leia. Ele me mostra nas Escrituras qualquer assunto vagamente relacionado à saúde, como 'oferecer seus corpos como sacrifícios vivos'. Eu odeio isso; mas com certeza mereço.

– Você realmente acredita nisso?

– Sim. Eu sei que poderia deixar de fumar. Mas quando ele começa a me repreender, procuro um meio de esconder. Eu fujo dele e me encolho de medo quando o ouço caminhar em direção à porta. Então, sinto-me ainda mais culpada. Isso tem sido tão ruim que fico ressentida com ele e comigo mesma. Ele faz comentários sobre o meu hálito e o meu cheiro, e não gosta de me beijar. Isso tem afetado nossa intimidade.

– Você tem feito alguma coisa para respeitar os sentimentos dele?– perguntei.

– Com certeza. – Jean disse. – Eu não fumo dentro de casa nem dentro do carro. Tenho verdadeira obsessão em lavar as minhas roupas, para que não fiquem com cheiro de cigarro. Eu até uso um anti-séptico bucal antes de ir para a cama, para não ficar cheirando a cigarro. Não adianta. Ele ainda faz comentários extremamente maliciosos – e que me deixam deprimida.

– Você costuma pedir a ele que pare com isso?

– Sim. Mas ele simplesmente não vai dá essa questão por encerrada. Ele está atingindo seu objetivo. Eu sei o que precisa ser feito, mas ele continua tocando no assunto. Sempre que ele faz isto, eu reajo negativamente, gritando com ele, dizendo-lhe que não se meta onde não é chamado. Eu quero me vingar dele. Talvez seja por isso que eu ainda fume.

O problema de Jean e Tim não é raro. Muitos casais enfrentam uma questão como a do cigarro de Jean. Talvez um cônjuge esteja aborrecido e importunando o outro por problemas de gastos, influência de amigos ou envolvimento excessivo com televisão. Não é que essas questões sejam insignificantes – ou que nós não precisemos impor limites no nosso casamento. Muitas vezes, em meus livros, tenho aconselhado a agir com toda a cautela e ter uma posição firme. Mas as discussões constantes não trazem benefício.

Uma disputa interminável, aliada à solução ineficaz do problema, destrói a relação. Mesmo as questões que parecem benignas podem se tornar imensamente destrutivas quando nós as trazemos à baila várias vezes – batendo na mesma tecla.

Vamos rever o drama de Jean.

- Ela não gosta do seu vício de fumar.
- Ela respeita o impacto que o fumo traz ao seu marido.
- Eles se orgulham do seu ótimo casamento.
- Tim fica incomodado por causa do cigarro de Jean.
- Ele a superprotege por causa do cigarro – fazendo "sermões", repreendendo, resmungando e importunando-a por causa disso.
- Ela reage sentindo-se ainda mais culpada e aborrecida; então, procura esconder seu cigarro.
- Como resultado, ela fica ainda mais zangada.
- Diminui a intimidade em seu casamento.

Jean e Tim passaram a conversar sobre seu problema do fumo, como se fossem pai e filha. Tim continua repisando o mesmo assunto, fazendo com que Jean se sinta culpada, ressentida e inclinada a esconder seu vício. Sem dúvida, esse comportamento infantil não resolve nada, e o problema aumenta. Você pode ser induzido a ficar do lado de Tim nessa luta. Quem gostaria de ser casado com alguém com um hábito tão incômodo? Eu imagino que nenhum de nós gostaria disso. Mas Jim teve esse hábito durante todo o seu casamento e foi o único que mudou. Além do mais, Jean respeita os sentimentos dele, mesmo que não tenha conseguido deixar o vício.

Mas antes de decidirmos tomar a defesa de Tim, nós devemos examinar a fundo seu comportamento também. Embora possamos ter empatia com os seus sentimentos em relação ao vício de Jean, suas atitudes só pioram as coisas. Ele revela erros sobre os quais nós já falamos neste livro, tais como: impor, fazer o papel de Deus e tentar impingir sua "sabedoria" a ela. Ele diz a Jean o que pensa:

- "Você tem que abandonar o cigarro."
- "Você está arruinando sua saúde."
- "Fumar vai contra os padrões de Deus para o seu corpo."
- "Você devia sentir vergonha de si mesma."

É óbvio que Jean se ressente com isso. Remoer o mesmo assunto apenas joga lenha na fogueira. Os atos de Tim não a ajudam na sua dependência da nicotina. Eles só servem para fazê-la sentir-se desapontada consigo mesma e ressentida com ele.

Como eles podem sair dessa poderosa batalha com seu casamento intacto? Nós não deveríamos procurar soluções milagrosas, mas podemos encontrar respostas reais. Os casais podem enfrentar desafios como a batalha de Jean e Tim sobre o cigarro. Deixe-me compartilhar o conselho que eu dei a ela, esperando que ela passasse um pouco desse conselho para ele também.

Primeiro, *eles devem parar de conseguir as coisas pela força*. Colocado de forma simples, Tim não pode fazê-la deixar de fumar. Nem toda a repreensão, bajulação, coação pela culpa, ou perspicácia do mundo pode obrigá-la a mudar de idéia. Se fosse possível, já teria feito, a essa altura. Não, este é um problema dela, e ela precisa decidir o que fará a esse respeito. Tim tem direito de sentir o que sente sobre o assunto e de decidir qualquer que seja o rumo da questão que julgar apropriado para ele. Mas não vai ter nenhuma vantagem intimidando Jean com suas preocupações.

Segundo, *a tentativa pela força realmente agrava o problema*. Condenar alguém por um problema nunca ajuda a resolvê-lo. Uma luta cerrada em relação a um problema apenas reforça os pontos de vista das pessoas. Quase sempre ocorre um pouco de insubordinação e não há um espírito de cooperação. De fato, o sentimento negativo ou a censura realmente gera ressentimento e tem o poder de fortalecer um problema. Lembro-me nitidamente de uma batalha com meu pai durante minha adolescência. Ele insistia que eu esvaziasse o lixo da cozinha de maneira conveniente. Porém, "conveniente" da parte dele não era igual a "conveniente" da minha parte. Eu garantia a ele que acharia um tempo para isso. O problema era que eu nunca achava esse tempo. Sua repreensão e seu "sermão" nunca me convenceram a tirar o lixo da cozinha de um modo mais conveniente. Por quê? Porque eu tinha programado minha mente para ficar contra ele. Não ia deixá-lo sair ganhando. Minha questão era igual à de Tim e Jean. Recordo-me de uma situação envolvendo meus filhos que hoje parece embaraçosamente tola. Mas naquela época parecia um problema sério.

Quando meus filhos eram adolescentes, eles tinham o hábito de calçar minhas meias esporte. Várias vezes pedi que não fizessem isso, porém, por mais que tentasse, a situação continuava. Não importava o quanto eu reclamasse com eles, sempre surgiam com uma desculpa para pegar emprestadas as minhas meias.

Sempre que me lembro dessa guerra tola, percebo que meus gritos e repreensões não ajudaram em nada a mudar o comportamento deles. Mais precisamente, pareciam reforçar suas atitudes. Eu fiz uma tempestade em copo d'água, aumentei o problema. Meus filhos ficaram magoados comigo por brigar com eles, e eu fiquei aborrecido com eles por ignorarem o que eu considerava um pedido perfeitamente razoável. As coisas não melhoraram até que eu decidisse, afinal, que a questão era inconseqüente, e eu simplesmente não falei mais nada.

Terceiro, *cada pessoa precisa compreender as limitações do outro.* Jean estava limitada em sua incapacidade de deixar o cigarro, e Tim estava limitado em sua incapacidade de aceitar o vício. Cada um precisa compreender e se colocar no lugar do outro. Ele queria desesperadamente que ela parasse de fumar. Ela queria encontrar a solução para a sua dependência da nicotina, por vontade própria. Tentar se colocar no lugar um do outro talvez os ajudasse a desistir de tentar mudar o outro e promover um relacionamento de cooperação. Robert Wicks, em seu livro *Touching the Hole* (Tocando o Sagrado), admite:

> No processo de aceitação e de liberação dos limites dos outros, temos que ser sensíveis para com nossa própria opinião, às vezes intolerante e insensível, de que só nós temos a resposta para as perguntas e os problemas da vida dos outros. Conseqüentemente,

> humildade e paciência são metas para aqueles que se preocupam com os outros. Como nós sabemos e provavelmente já vivenciamos, muito prejuízo pode ser causado inadvertidamente em nome do bem.[1]

Quarto, *desista! Sim, simplesmente desista.* Tim precisava desistir de controlar Jean. E ela, por sua vez, parar de apresentar desculpas para o seu vício. Tudo que precisava ser dito já foi dito. Agora era só esquecerem o assunto e praticar a oração da serenidade:

> Senhor, dá-me serenidade para aceitar as coisas que eu não posso mudar,
> A coragem para mudar as coisas que eu posso,
> E a sabedoria para saber a diferença.
> – Reinhold Niebuhr

Quinto, *eles precisam colocar em prática a consolidação de limites saudáveis em seu casamento.* Eu nunca aconselhei Tim diretamente, mas estimulei Jean a impor alguns limites saudáveis. Tim tinha o direito a seus sentimentos, mas não tinha o direito de agir com paternalismo por meio da censura e do "sermão". Ela precisava dizer a Tim com firmeza que não esconderia seus atos e que seus esforços para controlá-la eram contraproducentes para um casamento saudável. Eles precisariam lidar com o seu vício de fumar sem se envolver em tentativas imaturas e pela força.

Finalmente, eles precisam incentivar uma atitude de cooperação no sentido de lidar um com o outro. Os casais enfrentam problemas muito maiores do que um parceiro com problema de tabagismo.

Esse era um problema sério? Sim. Eles poderiam discuti-lo como pessoas maduras? Sem dúvida! Será que eles poderiam empregar sua energia espiritual, emocional e criativa combinadas para chegar a um acordo? Certamente que sim!

Poder e Controle

Acho que não podemos conversar sobre remoer o mesmo assunto sem falar das atitudes que tipicamente sustentam este problema: poder, controle e intolerância. Por que é tão difícil esquecer um assunto? Talvez acreditemos que somos capazes de ditar os resultados se nós simplesmente exercermos nossa autoridade.

No decorrer dos anos, tenho trabalhado freqüentemente com pessoas envolvidas em violência doméstica. Este é, como a maior parte das autoridades reconhece, um problema de poder e controle. É um problema de incrível intolerância. É sempre um caso de remoer o mesmo assunto. Deixe-me ilustrar.

Quando eu atendo a um grupo de homens que se reúnem semanalmente, analisamos como os problemas relacionados a poder e controle invadem praticamente todas as áreas dos relacionamentos dos membros do grupo. Embora a maioria deles insista que violência doméstica abrange espancamento, repressão e gritos com o cônjuge, o problema é sempre muito mais sutil do que isso e infinitamente mais penetrante do que eles sabem.

Imagine Jerry, um homem de meia-idade, que foi chamado para comparecer ao meu grupo porque tinha impedido sua esposa de sair de casa depois de uma discussão. Durante semanas Jerry defendeu suas atitudes, dizendo: "Qualquer um faria o que eu fiz se eles vivessem o que eu tenho vivido. Minha esposa me enganou já faz alguns anos. Ela estava arranjando desculpas para suas atitudes, e isso me deixou furioso. Ela mereceu o que teve".

Jerry compartilhou que sua esposa, Bárbara, trabalha numa mercearia do bairro. Ele queria que ela trabalhasse para contribuir para as finanças da família, mas tinha muito ciúme dela. Logo no início do seu casamento, ela tinha sido infiel, e ele nunca a perdoara por isso. Agora, mencionando sua infidelidade no passado, ele insistia que ela devia "pagar por isso". Ela tinha que ligar para ele, caso fosse se atrasar por mais que dez minutos por causa do trabalho. Ela tinha que prestar contas de cada minuto do seu tempo quando ia ao shopping e responder perguntas intermináveis sobre os homens que estiveram na mercearia. Jerry dominava cada faceta da vida dela.

Sem dúvida, esse comportamento era mais do que irritante para Bárbara. Jerry ficara magoado, durante muitos anos, com as atitudes da esposa no passado; e isto é compreensível, mas nunca parou de remoer o assunto. Ele usava elogios falsos para tentar esquecer o assunto, mas suas atitudes contradiziam isso claramente. Ele ainda guardava em seu coração um rancor fremido de cólera e alimentava cuidadosamente as mágoas de anos atrás. Jerry acreditava erroneamente que se pudesse manter uma falsa aparência e controle sobre sua esposa, ele poderia "se resguardar de ser novamente enganado". Em seu livro clássico, *Caring Enough to Forgive* (Amando a Ponto de Perdoar), David Algsburger fala sobre os danos que resultam de apegar-se às mágoas.

> Quando lembro, relembro, revejo, reciclo e reproduzo as experiências passadas, estou me agarrando a elas emocionalmente,

> ainda que saiba racionalmente que elas são passado.
> Sei que o passado existe apenas na memória e nas conseqüências. Pelo fato de a memória ser apenas memória, fico de novo envolvido com ela emocionalmente, como se fosse uma coisa atual. Em vez de aceitar as conseqüências e explorar meios de mudá-las ou utilizá-las, eu as rejeito e tento voltar no tempo para anulá-las. As duas atitudes são tentativas de agarrar-se ao passado e agir como se ele ainda fosse o presente. De maneira mais rude, o ressentimento é uma mordida de buldogue, que crava os dentes da memória no passado e se recusa a largar...
> Eu exijo que você volte no tempo e desfaça o que já está feito. Eu exijo que você mude o imutável, forme o que ainda não está formado, reforme o que já está formado... Eu exijo que você acalme, pacifique, se humilhe, expie, por meio do sofrimento, por sua incapacidade de fazer o impossível.[2]

É óbvio que fazer estas exigências num casamento é ridículo. Nós não podemos fazer voltar os ponteiros do tempo. Não podemos reverter um mal feito à outra pessoa. Mas podemos pedir desculpas. Podemos fazer modificações. Podemos perdoar e mandar para bem longe – cicatrizes, limitações, tudo.

Raiva

Jerry alimenta um sentimento permanente de rancor que o consome. Ele focaliza de maneira obsessiva o comportamento de Bárbara, acreditando erroneamente que pode se proteger de algum dia ser traído novamente. Qualquer um que tenha sido traído pode entender seu profundo sentimento de mágoa e seu desejo de evitar que isso aconteça de novo. Mas ele está fazendo as coisas de maneira errada.

Quando perguntei a Jerry se ele estava com raiva de Bárbara, ele negou. "Não. Isso foi no passado, e eu não penso nisso agora. Só recuso ser ridicularizado de novo".

Como qualquer um com problema de raiva, Jerry é destacado. Ele tem uma visão limitada. Não reconhece que está consumido pelo comportamento de Bárbara no trabalho, por suas atitudes fora do trabalho, suas amizades e como ela fala com os outros. Ela exagera no seu modo de agir para que sua conduta pareça pior do que realmente é. Em suma, ele é orientado pelas aparências – focalizado em Bárbara, enquanto ignora sua parte na situação – um padrão comum no casamento.

Sua raiva geralmente não é explosiva, mas contida e encubada: "Eu não vou confiar em ninguém que pareça bom". Ele tem uma perspicácia que mostra em seu trabalho, em casa e até em suas sessões. Ele foi ferido e não vai permitir ser magoado novamente.

Mas a raiva de Jerry é indireta. Por trás de seu ressentimento existe uma procura e uma necessidade implícitas. Se ele puder compreender essa necessidade, poderá se libertar de sua raiva. Jerry pode parar de punir Bárbara. Da mesma forma, todos nós também podemos parar de remoer um mesmo assunto.

Como eu estava acompanhando Jerry, eu o ajudei a ver essa busca não expressa em suas atitudes. Ele praticamente estava dizendo: "Eu não posso suportar ser traído de novo. Eu nunca mais vou ser enganado por ninguém. Meus sentimentos estão frágeis demais, e eu não quero passar por uma outra traição".

Suas atitudes também eram punitivas e controladoras. Essencialmente ele estava dizendo: "Você me feriu, e eu era inocente. Você foi má, e eu era bom. Deve ser punida, e eu farei a punição. Vou fazer você lembrar sempre a dor que me causou, e nunca se redimirá da culpa pelo mal que me fez".

Quando encaramos a nossa raiva por este aspecto, podemos ver a sua insensatez. Podemos ver a sua ligação com outros erros sobre os quais temos discutido neste livro, como, por exemplo, fazer o papel de Deus. Nós podemos ver Jerry "ajeitando sua auréola", quando ele fala sobre as atitudes erradas de sua esposa, enquanto ele, habilidosamente, foge à responsabilidade por sua violência contra ela. Nós o vemos difamando Bárbara, exagerando seus erros e fraquezas, e fazendo vista grossa para seus maus procedimentos. Sua raiva pode parecer familiar – o produto de uma mente enganada que tenta pôr em evidência os erros das outras pessoas, enquanto minimizamos as injúrias de outros sobre nós.

Marshall Rosenberg, em seu livro *Nonviolent Communication* (Comunicação Pacífica), diz que não é o comportamento de outra pessoa que causa a nossa raiva. Nosso próprio pensamento é que faz isso.

> Sempre que estamos zangados, nos tornamos críticos (procuramos falhas nos outros) – escolhemos fazer o papel de Deus, julgando ou acusando a outra pessoa por estar agindo errado ou merecendo punição... Na essência de qualquer sentimento de raiva existe uma necessidade que não está sendo preenchida. Além disso, a raiva pode ser um relógio despertador para nos acordar – para percebermos que temos uma necessidade que não está sendo descoberta e que estamos pensando num meio de dificultar que ela seja encontrada.

> Rosenberg nos dá alguns exemplos práticos para examinarmos como podemos usar a raiva de maneira imprópria e como podemos aprender com nossa raiva.[3]
>
> Se uma pessoa chega atrasada a um encontro, e precisamos nos certificar de que ela gosta muito de nós, podemos nos sentir ofendidos. Se, em vez disso, precisamos empregar o tempo de maneira objetiva e construtivamente, podemos nos sentir frustrados. Se, por outro lado, precisamos de trinta minutos de completa solidão, podemos ficar agradecidos por seu atraso. Além disso, não é o comportamento da outra pessoa, mas a nossa própria necessidade que causa nosso sentimento.[4]

Seguindo os argumentos do Dr. Rosenberg, vemos que nutrir raiva contra Bárbara pelas atitudes do passado torna Jerry "bonzinho". Isso apenas reacende brasas da ferida interna. A tarefa de Jerry é compreender quais as necessidades não alcançadas que ele tem. Talvez tenha que recorrer a questões como estas:

- afligir-se com a perda da pureza em seu casamento
- explorar meios de criar uma intimidade mais forte em seu casamento
- libertar-se de sua necessidade de uma relação infalível
- criar meios de restabelecer a confiança em seu casamento
- compreender como suas atitudes são prejudiciais para o relacionamento deles
- descobrir como ele tem sido "infiel" por difamar sua esposa

A fim de liberar a raiva, é necessário que tenhamos uma perspectiva ampla. Temos que nos livrar da frase: "Você me magoou e é você que merece censura". Libertar-se da raiva requer que a gente pare de remoer o mesmo assunto e de gastar nossas energias voltando a ele. Isso requer uma decisão de sair do passado para o futuro e exige que compreendamos que remoer um mesmo assunto não traz alívio. Ele só nos fere mais e nos faz sentir mais raiva.

A Raiva Construtiva

Talvez você esteja querendo muito saber se nós, pelo menos algumas vezes, temos o direito de ficar com raiva. E se nosso cônjuge está envolvido com algum vício destrutivo que exija que continuemos insistindo no assunto porque ele não está resolvido? E se uma questão está bem viva e requer nossa atenção? Isto é, em minha opinião, um assunto totalmente diferente.

Digamos que Jerry esteja percebendo no comportamento de Barbara alguma coisa que aumente seu sentimento de desconfiança. Talvez ele nunca tenha descoberto, mas, no aconselhamento, ele compreenda que Bárbara realmente é namoradeira, embora sustente que é inocente. Nós temos aqui um problema diferente, que requer uma solução diferente.

Vamos supor que Bárbara goste de se vestir de maneira provocante, use uma linguagem "picante" e tenha amigos com quem se comunica nas salas de bate-papo. Seríamos tolos de dizer a Jerry que releve e simplesmente aprenda a confiar em Bárbara, quando ela assume uma conduta arriscada. Nesse tipo de situação, o casal deve ser rigorosamente honesto um com o outro sobre quem admite o problema. Bárbara deve admitir sua infidelidade, enquanto que Jerry é responsável pela sua raiva e seu comportamento dominador. Da mesma forma, Tim e Jean precisarão ser claros sobre qual parte do problema é dela – fumar e depois esconder seu problema – e que parte é a dele – importuná-la e exortá-la sobre o problema.

Quando sua raiva é construtiva, você assume a responsabilidade por sua parte nos problemas e toma a iniciativa de mantê-los afastados de seu relacionamento. Devemos constantemente tornar estáveis os relacionamentos saudáveis, e a raiva construtiva pode nos ajudar a focalizar a solução dos problemas. Deixar as questões pegarem fogo não é bom para o seu casamento ou o seu bem-estar. Felizmente, Jerry aos poucos aprendeu a importância de abandonar o assunto e de perceber a sua participação no problema.

Lembro-me de uma sessão em particular, quando Jerry falou de seu passado de um modo diferente. Ele de fato se permitiu sentir e expressar plenamente a dor da traição de sua esposa, muito tempo atrás.

Com muita tristeza, ele relatou minuciosamente este torturante período de seu casamento. Também reconheceu o papel que desempenhou, admitindo que ele fora uma pessoa difícil de se conviver e que suas atitudes e comportamento tinham contribuído claramente para os problemas dos dois. Pela primeira vez, ele assumiu a responsabilidade por seu insistente padrão de comportamento dominador e seu receio de confiar nos outros.

Depois de se sentir aliviado ao admitir essas coisas, ele percebeu que estava pronto para experimentar e confiar de novo. Claramente Jerry resolveu um ponto crítico em sua vida. Ele estava disposto a perdoar completamente sua esposa por suas atitudes e queria fazer o que pudesse para que isso acontecesse. Agora ele compreendeu da maneira mais profunda, que já havia experimentado que o perdão é uma parte essencial da cura.

Perdão

O objetivo do cristianismo é o perdão. A história do evangelho nos conta que Deus nos concede a dádiva do perdão incontestável, seguido de arrependimento por termos errado o alvo, por mais incrível que isso possa parecer. Cristo não se lembra mais dos nossos pecados. Uma vez que compreendemos isso e integramos completamente essa verdade ao nosso espírito, entendemos que devemos fazer o possível para transmitir essa mesma dádiva a outras pessoas. Quando tudo é dito e feito, quando uma mágoa é alimentada por muito tempo, deve-se direcionar a conversa para o assunto alusivo ao perdão, pois esta é a fonte para a cura – tanto para quem concede quanto para quem recebe. Qualquer discurso sobre remoer o mesmo assunto seria lamentavelmente incompleto sem se falar em perdão. Quem de nós pode deixar de falar sobre esse assunto? Quem nunca nutriu mágoas, viveu dolorosamente no passado e se agarrou a uma questão antiga como um cão com o osso, sabendo exatamente o que estava fazendo, mas se recusando a parar?

Em uma recente oficina na qual ministrei a um grupo reduzido de mulheres, discutimos sobre o perdão, pois este é um assunto de aspecto vital para o bem-estar. Conversamos sobre a importância de não dar poder a outros para controlar nosso humor. Todas estavam envolvidas no assunto e participando ativamente, em harmonia, quando, de repente, uma mulher de aproximadamente trinta anos, muito zangada, partilhou seus sentimentos com o grupo.

"Eu estou cansada de pessoas me dizendo que eu deveria perdoar. Eu acho que há momentos em que você realmente não deveria se livrar do passado. Fui traída e não estou disposta a simplesmente esquecer o assunto. Eu posso esquecer, mas não vou perdoar."

A mulher não compartilhou os detalhes de sua situação, mas as lágrimas em seus olhos e a amargura em sua voz foram suficientes para nos fazer refletir sobre as traições que sofremos. Suas palavras trincadas, em tom áspero e suspirador, disseram tudo: Alguém a maltratou, e ela estava se esforçando demais para encarar sua dor.

A sala ficou em silêncio por alguns minutos depois que ela falou. Imediatamente fui transportado para situações passadas de traição que eu tinha sofrido e outras que eu tinha cometido. Eu senti as lágrimas de dor transbordarem dentro de mim, e só com esforço pude esconder minha mágoa. De repente, voltei muitos anos no tempo, quando, ainda jovem, meu melhor amigo traiu minha confiança me enganando com minha namorada. Nossa amizade foi interrompida irremediavelmente. Eu senti a fragilidade da minha cicatriz interior.

Após o breve silêncio, várias mulheres se apressaram em oferecer uma rápida orientação paliativa.

"Mas a sua raiva só está maltratando você", uma mulher falou.

"Você tem que perdoar", uma outra concordou plenamente. "Você vai se sentir melhor, se fizer isso."

"Eu sei como você se sente", uma terceira insinuou. "Também fui traída e sei que não é fácil."

Quando as coisas se acomodaram, compartilhei meus sentimentos.

"É muito difícil enfrentar a traição. Eu posso ver a tristeza em seus olhos. Eu também conheço a dor aguda da traição. A mágoa vai muito fundo, e nesse momento simplesmente não é possível perdoar. Com o passar do tempo, se você escolher, o perdão poderá ser uma coisa viável. Provavelmente virá de maneira gradativa, mas só com o tempo e se você decidir que é algo que deseja."

A mulher levantou a cabeça e olhou com tristeza em volta da sala, enquanto as outras demonstravam sua solidariedade.

Imaginemos uma outra situação: Uma mulher está enfurecida porque seu marido infiel a traiu. Será que ela deveria simplesmente cumprimentá-lo à porta e com toda a gentileza lembrar-lhe de que tudo foi esquecido? É claro que isso seria ridículo. Tão claramente quanto Cristo estava irado diante dos cambistas no templo e profundamente desapontado quando Pedro o traiu, era mais do que compreensível que essa mulher estivesse seriamente zangada. A desavença em seu casamento só poderia sarar com o tempo, esforço e a intervenção divina. Nunca iríamos esperar que ela perdoasse instantaneamente. De fato, perdão imediato ou "graça barata" é, no mínimo, suspeito. Essa mulher ainda não estava pronta para perdoar, mas teria que dar esse passo no futuro. Essa tarefa defronta cada um de nós em alguma área de nossa vida. A não ser que possamos perdoar, vamos ficar batendo na mesma tecla. Como Augsberger apropriadamente diz: "Perdão é deixar para trás o que passou; deixar vir o que precisa vir e deixar o agora acontecer".[5]

Algumas vezes, a falta de perdão toma a forma de batermos a mesma tecla por meio de "sermões" de um assunto já encerrado. Algumas vezes ela vem à tona na forma de recordações repetidas de fracassos. Outras vezes ela aviva na memória comentários sarcásticos e fisgadas que nos magoam.

Como é o caso da mulher no grupo. A falta de perdão pode desajustar uma pessoa interiormente. Aquele que remói alguma coisa entalada na garganta diz: "Eu não posso esquecer isto". Esses pensamentos incômodos podem resultar em perda do sono, obsessão com o traidor e suas atitudes, e pensamentos de vingança.

Nosso coração tem apenas um espaço. Não podemos estar cheios de amor e de ódio, ao mesmo tempo. Um deles inevitavelmente predominará e expulsará o outro. Da mesma forma, não podemos ficar apegados ao passado enquanto estamos indo para frente, para o futuro. Se ficarmos relembrando e repetindo os fracassos que sofremos, não poderemos chamar uma nova alegria para entrar em nossa vida.

Um dos mais pungentes efeitos de não perdoar é a visão limitada da pessoa magoada. Quando nossa dor permanentemente viaja em nossa cabeça, ficamos incapacitados de reconhecer ou valorizar a dor que os outros estão passando. Da mesma forma, somos incapazes de compreender ou celebrar as alegrias que eles podem estar experimentando. Em suma, nosso mundo fica incrivelmente pequeno e nosso ponto de vista perigosamente limitado.

Quando analiso a questão do perdão e reflito sobre as violações em minha vida e os que a invadiram, percebo o que desejo profundamente: Um mundo mais justo. Especificamente, eu quero que a justiça seja feita para aqueles que me feriram. Sim, eu sou humano – eu quero vingança. Mas também estou ciente de que cada momento que gasto insistindo em vingança é um momento que deixo de dedicar àqueles que estão dispostos e prontos a me amar agora.

A questão das exigências e necessidades surge novamente. Quando continuamos a nutrir ressentimento muito além do tempo natural de nos entristecermos com as perdas compreensíveis, ficamos oprimidos por nossas exigências imaturas. Somos presunçosos em exigir que o mundo seja diferente do que ele é, que nossos parceiros sejam diferentes do que eles são. Além disso, dar um assunto por encerrado é uma coisa muito mais fácil de dizer do que de se fazer. Esta atitude difícil exige poder sobrenatural. Deus é capaz de abrandar nosso coração endurecido, permitindo-nos ver a fragilidade da condição humana. Ele é capaz de nos oferecer compaixão por nossas iniqüidades, e, no processo, nos permitir ter compaixão pelos erros dos outros (ver 2 Co 1).

O Evangelho da Graça

Quem entre nós não se identifica com a mulher que quer "comer o fígado" da pessoa que violou sua confiança? Nós imaginamos que talvez seu marido tivesse uma aventura que partiu o coração dela. Talvez sua melhor amiga tenha revelado confidências a uma outra pessoa, que as espalhou pela cidade.

Qualquer que tenha sido a violação, ela feriu profundamente. E por que ela deveria perdoar? Ela merece se sentir justificadamente indignada.

Mas a história não termina aqui. Pergunte ao pai do filho pródigo como ele lidou com a traição. Veja esta história do Evangelho de Lucas.

Na narrativa do Evangelho, lemos sobre um jovem que pediu sua herança. Então, ele partiu e esbanjou sua saúde em uma vida desvairada (Lc 15.13).

Brennan Manning faz este comentário sobre a história no *Evangelho Maltrapilho.*

> Quando o filho pródigo voltou arrasado da sua vida errante, depois de tantos gastos excessivos, desperdício, bebedeira e devassidão, seus motivos, na melhor das hipóteses, estavam confusos. A determinação do maltrapilho não foi voltar arrependido por ter partido o coração de seu pai. Ele veio cambaleando para casa simplesmente para sobreviver. Sua permanência num país distante o deixou falido. Os dias de fartura o deixaram deslumbrado, mas depois, desiludido. Desencantado com a vida, o filho pródigo tomou o caminho de sua casa, não por um desejo ardente de ver seu pai, mas apenas para sobreviver.[6]

Aqui a situação se complica. Depois que o filho pródigo gastou uma boa parte da herança, todos podemos imaginar que seu pai não estaria nem um pouco entusiasmado por ver seu filho. Ele fora traído de maneira terrível. Seu pai tinha todo o direito de mandar seu filho embora. Mas não foi o que aconteceu. Lemos isso naquilo que Manning descreve como o mais tocante versículo na Bíblia.

"Estando ainda longe, seu pai o viu e, cheio de compaixão, correu para seu filho, e o abraçou e o beijou" (v. 20).

Essa história, que retrata o perdão e o amor que Deus nos oferece, é difícil de compreender porque vai de encontro à compreensão e à natureza humana. Ela vai de encontro à maneira como fomos treinados a reagir. Seu pai deveria ter brigado com ele e lhe pedido que prestasse conta do dinheiro desperdiçado – nós poderíamos dizer. O filho deveria ter pedido perdão antes de vir para a casa da família. Seu pai deveria ter sido severo com ele, atormentando-o com perguntas e lhe dizendo o quanto ele era fraco. Então, se a explicação não fosse suficientemente boa, talvez algum dia, num futuro distante, eles pudessem tentar um relacionamento de novo. Mas não foi essa a história do filho pródigo, nem é a história de como Cristo nos trata. Manning corajosamente diz que essa história exemplifica o perdão que precede o arrependimento. Isso é difícil de imaginar.

Katheen Norris, em seu livro *Amazing Grace* (Maravilhosa Graça), descreve a vida monástica Beneditina. Os monges recitam a oração do Pai Nosso pelo menos três vezes ao dia, pedindo a Deus continuamente que nos perdoe como nós perdoamos aos outros. Esse é um modo de afastar a hipocrisia, a falta de amor. Em um mundo coberto de contenda e desarmonia, certamente precisamos lutar por um amor divino com nosso cônjuge e com os outros.

Encerrando para sempre um Assunto

Vamos tornar a ver Tim e Jean e sua batalha com o fumo. Até o momento em que escrevo este livro, o casamento deles está indo bem. Ela ainda não deixou o cigarro, mas está buscando novos programas para ajudá-la a parar. A questão continua a incomodar Tim, mas os dois concordaram não entrar em guerra por isso. Eles decidiram tratar do assunto da maneira mais madura possível. Por enquanto, Jean continuará sendo atenciosa com os sentimentos dele, e os dois concordaram em criar um espaço bem grande para que floresça o amor de um pelo outro enquanto ela enfrenta seu vício. Tim concordou em pôr uma pedra sobre o assunto.

Talvez, como Tim e Jean, você tenha uma questão em seu casamento que continua vindo à tona. Talvez você tenha se tornado intolerante quanto a isso, e um pouco de presunção tenha se instalado sorrateiramente. Se isso não for cuidado, pode virar um câncer no seu casamento. Contudo, você pode tomar uma atitude e eliminá-lo de seu relacionamento.

Agora não é apenas o tempo de parar de lançar novamente críticas antigas e mágoas – desse modo, repisando o mesmo assunto – agora também é hora de pôr uma pedra no assunto.

Reflita sobre a oportunidade de dar por encerrada esta demanda, que seu cônjuge muda. Pense na oportunidade que você tem de conceder graça a ele ou ela por condutas que desapontaram você.

Lembre-se da graça que Deus concedeu a você – a despeito de suas limitações – e dê um pouco dela para o seu cônjuge. Experimente esquecer para sempre as questões antigas e rançosas. Você vai ficar feliz por ter feito isso.

Capítulo Sete

Pare de Viver nas Trincheiras:

Aprendendo a Apoiar seu Cônjuge

Aquele que em vós começou a boa obra a aperfeiçoará até ao Dia de Jesus Cristo.
– FILIPENSES 1.6

Voltei recentemente de uma viagem de fim de semana da Inglaterra com meu filho Josh, estudante de medicina de 27 anos, de uma universidade do interior de Nova York. A viagem proporcionou uma forte experiência em contrastes e uma rápida lição na arte de defender uma pessoa amada – nosso objetivo para este capítulo. Depois de desembarcar no Aeroporto JFK, esperei um ônibus naquele clima gelado da cidade de Nova York, feliz por ter pegado meu sobretudo de lã no último minuto. Depois de um turismo pela cidade por algumas horas, fui para a Grand Central Station, uma cidade dentro de uma cidade, onde os viajantes corriam como formigas.

Encontrei meu filho no campus da Escola de Medicina de Nova York, e, com Josh dirigindo, fomos para Connecticut. Esperávamos vislumbrar um pouco das cores prolongadas do outono, procurar algumas pousadas e saber das novidades da vida um do outro.

Enquanto saíamos de Nova Iorque, o tom cinzento e triste da cidade deu lugar a um colorido de dourado, verde e vermelho que tingia as montanhas. Eu e Josh rimos, compartilhamos histórias sobre a nossa vida e começamos a conversar sobre onde queríamos estar naquela noite. Como um apaixonado por pousadas, queria colher idéias que eu pudesse aplicar um dia na minha própria pousada.

Com sugestões de seus amigos, concordamos em perambular pelas estradas paralelas de New England e ficar em dois lugares especiais para dar um realce a nossa experiência. Eles não poderiam ter sido mais discrepantes.

Nossa primeira estada foi numa linda vila marítima em Connecticut, e minhas esperanças eram de que ela iria nos trazer uma experiência intensa. À medida que nós passávamos por aquela pequena e arejada rota oceânica em direção a Mystic (Como poderia uma cidade com aquele nome não ser mágica?), mastros de veleiros brilhavam ao sol do fim de tarde. Senti-me como se estivesse em uma pintura de Norman Rockwell.

Chegamos a uma pequena casa de veraneio, bem arrumada, à beira do porto. A placa em frente indicando vaga, nos convidava. "Perfeito", pensei. Veleiros a uma pequena distância, o ar salgado dando sabor à brisa, estradinhas que levavam à cidade apinhada de lojas e restaurantes. "Isso será fantástico", eu disse.

Nós entramos e vimos um homem idoso, sentado na cadeira em frente. Usando um boné com estampa de marinheiro, jeans desbotado, e com a barba por fazer, ele mal nos olhou quando entramos.

– Sim, posso ajudá-los? – disse bruscamente, ainda sem admitir um contato visual conosco.

– Gostaríamos de um quarto – disse.

– Cem dólares. Não aceitamos cheques ou cartões de crédito. Shirley, mostre a eles um quarto. Eu não tinha notado sua esposa sentada a poucos metros. Era uma mulher atarracada, com uma aparência triste, vestida com um pulôver de tricô largo e uma calça xadrez, ela se espantou diante das palavras dele.

– Eles não pediram para ver um quarto – disse ela.

– Não tem problema. Eles vão querer ver um. Mostre a eles.

– Nós gostaríamos de ver o quarto – eu disse. – Se quisermos ficar por duas noites, o preço é o mesmo?

Grande erro. Shirley começou a responder, mas seu marido, que mais tarde se apresentaria como "capitão Charlie", interrompeu a esposa.

– Não fale em duas noites. Apenas pague por uma. Nós vamos decidir sobre a segunda noite mais tarde, se vocês resolverem ficar. Eu consigo alugar pelo dobro do preço se não quiserem. Isso é garantido.

Ele franziu a testa para a esposa e falou com impertinência: – Então, você vai mostrar o quarto a eles?"

Shirley resmungou alguma coisa por trás dele e nos pediu que a seguíssemos para o quarto, passando pelo corredor. Era um quarto simples, escuro e sujo. Charlie continuou resmungando lá no fundo.

– Não demore muito. E, Shirley, não esqueça de mostrar a eles as toalhas e a televisão –, ele acrescentou rispidamente. Ela acenou com a cabeça, mas não respondeu.

Era triste ver Charlie tratar sua mulher da maneira como a tratava. Era óbvio que ele não estava interessado em dar a ela o menor apoio.

Depois de pagar a Charlie por uma noite, meu filho e eu fomos para a cidade, sentindo-nos completamente incomodados com aquele encontro.

– A única coisa que estava faltando era o *Arghh* de um pirata – Josh falou sarcasticamente. – Eu pensei que o Capitão Charlie faria Shirley andar na prancha.

Depois de acordar com os barulhos de outros hóspedes e ouvir reclamações sobre o café morno e os pães dormidos, decidimos visitar a cidade e seguir viagem.

Apesar do desapontamento sobre nossa pousada e nosso "anfitrião", Mystic não nos desapontou. Lá havia duas cafeterias muito originais – uma exigência básica para que qualquer vila seja chamada de "encantadora". Por algum tempo, ficamos fascinados olhando os enormes navios a vela, antes de irmos para Rhode Island.

Combinamos o segundo lugar para onde deveríamos ir na manhã seguinte, depois de pararmos num *stand* de informação turística em Porto Judith, Rhode Island, com vista do Oceano Atlântico. O sol estava claro, nenhuma nuvem no céu, o ar salgado, revigorante e fresco. Eu tomei isso como um sinal de que a nossa sorte estava para mudar. Quando chegamos ao *bureau* de visitantes da Rhode Island, uma mulher idosa nos cumprimentou. Com seu vestido amarrotado e pulôver, ela me fazia lembrar a bibliotecária da minha escola. Ela olhou por cima dos óculos e, numa voz doce e suave, perguntou se podia nos ajudar. Nós lhe falamos sobre o nosso desejo de conseguir uma "pousada bem charmosa". Ficamos aguardando, enquanto ela, agitada, fazia ligações para vários lugares, até que, finalmente, nos olhou sorrindo.

– Há um quarto vago no La Cappela, a duas milhas daqui, na estrada. John vai fazer um bom preço para vocês – ele não quer preparar o café da manhã porque está no final da estação, mas ficará feliz em recebê-los, se para vocês não tiver problema. Nós estávamos um pouco constrangidos, mas, depois de nossa experiência com o capitão Charlie, estávamos prontos para qualquer coisa que fosse razoável.

Quando paramos no La Cappella, vimos um carro grande bem antigo na estrada com uma placa onde se lia: "Surf". Um homem com seus quase cinqüenta anos nos recebeu à porta. Apesar do frio, John estava de short e camiseta. Cabelo louro comprido e ondulado era como uma moldura para o seu rosto sorridente.

– Parabéns – ele disse. Puxa, vocês devem ser os únicos que vieram de tão longe, do outro lado do país, de quem eu já ouvi falar. Vocês vão descobrir que nós temos as camas mais macias do estado, e minha mulher e eu garantimos que tudo esteja bem cuidado durante a estadia de vocês aqui. Ela é totalmente dedicada ao trabalho. Eu sou apenas um velho surfista que gosta de se divertir. Vocês vão gostar daqui. Prometo.

Nós já gostamos.

Quando Josh e eu entramos na igrejinha transformada em pousada, a esposa de John, Mary, nos cumprimentou calorosamente. Havia um vaso com flores frescas na mesa de canto. Alegres pinturas de aquarela adornavam as paredes.

– Aí está a mulher que mantém este lugar funcionando – John disse. Qualquer coisa que vai bem é por causa dela; e, se alguma coisa está errada, sem dúvida a culpa é minha.

– Ele não é tão mau – ela disse, sorrindo pra ele. – John ajudará vocês a terem ótimos momentos aqui em Rhode Island. Ele conhece cada ponto e cada fresta nesta área. Digam a ele o que querem ver, e ele leva vocês lá.

– Obrigado – dissemos juntos.

– Mary vai levar vocês a seus quartos, e, quando já estiverem instalados, verificarei alguns lugares onde poderão jantar.

Nitidamente, John aprendeu a evitar o nosso próximo erro crítico – deixar de apoiar seu cônjuge. Descobrira a força e a importância de apoiar Mary, e ela havia descoberto como dar estímulo a ele. Que contraste entre estes hospedeiros e Charlie e sua esposa, Shirley, que ficavam nas trincheiras, guerreando constantemente entre si.

A maioria dos casais trata um ao outro como Charlie e Shirley faziam:

- Eles conversam asperamente um com o outro.
- Eles não têm consideração um com o outro.
- Eles fazem exigências em vez de pedidos.
- Eles depreciam um ao outro mais do que elogiam.
- Eles não conseguem se entusiasmar com as idéias um do outro.
- Eles se esquecem de estimular um ao outro.

Quase todos nós podemos nos identificar com Charlie e sua esposa, metidos nas trincheiras cruéis e sérias da guerra conjugal. Sabemos o que a falta de consideração produz e, às vezes, deixamos de apoiar nosso cônjuge.

Muitas vezes me vejo em perigosas trincheiras. Mencionei anteriormente que há muitos anos minhas secretárias me chamaram à parte e me disseram que eu ficava tão envolvido com meus projetos que me esquecia de agradecer a elas por seu trabalho tão árduo. Embora eu não gostasse muito de ouvir essa palavra, sabia que era verdade. Eu não era negligente com elas por impertinência minha, como Charlie, que ignorava Shirley, mas por causa da minha perspectiva deturpada. Infelizmente o resultado era o mesmo: uma conseqüente falta de motivação na minha equipe no consultório. Agora eu costumo observar todos os dias as coisas positivas que elas fazem por mim e pelo consultório.

Felizmente, tenho vários relacionamentos com os quais me sinto estimulado. Um deles é com a minha amiga Christie. Deixe-me compartilhar uma conversa que tivemos recentemente.

Faz tempo que eu sou um apaixonado por café, e espero abrir meu próprio café algum dia. Numa recente viagem de negócios observei uma biblioteca pública onde funcionava também um café. Eu achava que esta era uma idéia brilhante. Livros e café sempre são boas companhias. Eu estava ansioso para partilhar essa idéia com Christie, sabendo que ela ouviria com muita atenção e me daria um conselho útil enquanto apoiaria a minha criatividade.

– Você não vai acreditar no que eu vi hoje em South Bend – falei animadíssimo.

– Um sinal aberto? – disse ela.

– Um anúncio de um Café-Livraria – disse com orgulho, como se eu mesmo tivesse tido a idéia. – Você não acha que essa é uma idéia maravilhosa?

– Acho que isso é uma grande idéia – ela disse entusiasmada. – Eu posso ouvir suas máquinas trabalhando. Aposto que você vai ligar para eles e verificar como fizeram isso e como você poderia fazer. Certo?

– Exatamente.

Embora eu não saiba por quanto tempo vou ter essa idéia, gosto de me sentir seguro para sonhar e ter alguém para apoiar minhas idéias.

Segurança

O que Christie me deu que fez com que me sentisse tão bem, e por que isso é tão decisivo num relacionamento?

A primeira coisa, e a mais importante, quando apoiamos as pessoas – nós damos a elas segurança para serem tudo que elas podem ser. Criamos um ambiente em que elas se sentem livres para pensar e para ser elas mesmas.

Dando-me apoio, Christie estava me dizendo que sonhar é ótimo. Eu posso expressar minhas idéias, por mais estranhas que sejam, em voz alta para ela. Sem um ambiente seguro, nós nunca vamos dar ao nosso gênio criativo o espaço para se desenvolver. As idéias nunca vão poder florescer com um crítico rigoroso nesse espaço.

Pense na sua relação com seus filhos. Observe os novos pais enquanto contemplam atentamente o seu bebê. O que você vê?

Recentemente, observei um casal jovem com seu bebê num aeroporto movimentado. Enquanto sua filhinha estava no carrinho babando muito e olhando para seus pais, eles riam para ela, fazendo gracinhas com muito afeto. Outras pessoas observando o casal estavam envolvidas por seus encantos. Os adultos foram temporariamente hipnotizados pelo bebê, fazendo gracinhas para ele.

Este casal estava transmitindo uma mensagem para a sua filha:

- Você é perfeita.
- Você é maravilhosa e encantadora.
- Você é uma alegria para nós.
- Você pode ser qualquer coisa que quiser.
- Qualquer coisa que você fizer será fantástica.
- Você é linda.

Esses pais não só acham que sua filhinha é perfeita, mas eles vão se dedicar para garantir que ela estará protegida e segura para se desenvolver conforme Deus designou para ela.

E se nós pudéssemos transferir esse mesmo encanto para os nossos casamentos? E se nós retivéssemos algumas das expectativas que tínhamos em relação aos nossos cônjuges? E se nós demonstrássemos satisfação quando nosso cônjuge volta para casa à noite?

Esse comportamento é raríssimo, e algumas pessoas acham que ele é frívolo e infantil. Embora possa parecer um tanto infantil, mas frívolo é exatamente o que ele não é. Na verdade, ele é obrigatório para manter o vigor no casamento.

Segurança Perdida

Sem dúvida, a promessa dos jovens pais de amar e proteger sua filha pode diminuir se o bebê encantador se torna uma criança birrenta, ou se torna uma criança difícil aos sete anos, transforma-se num pré-adolescente ranzinza e segue seu próprio curso como um adolescente rebelde. Como as coisas mudam!

Quando a criança cresce, e outros irmãos chegam, os pais podem involuntariamente comprometer o casulo em desenvolvimento. Tarefas e obrigações da família atrapalham os pais de dar apoio a seus filhos. As crianças crescem e se tornam adultos pouco preocupados (ou nada) em dar apoio a seus cônjuges. Talvez nunca tenham aprendido isso.

Da mesma forma, a expectativa e a admiração do início do namoro dão lugar à monotonia, à mesmice do dia-a-dia da vida de casados. Você conhece o sentimento. Em vez de se alegrar quando seu cônjuge está vindo em direção à porta, seu pensamento está nas roupas que precisa lavar as crianças que você tem que levar para o colégio, as contas que deve pagar e o jantar que ainda não começou a fazer. Qualquer coisa preocupa sua mente – menos apoiar seu cônjuge. Compartilhar o que vai em seu coração é difícil, nas trincheiras da vida cotidiana.

Você ficará surpreso ao aprender que criar segurança e apoiar o cônjuge, não são, nem mesmo considerados em muitos casamentos. Os parceiros se tornam tão centrados em suas próprias questões que esquecem que criar uma rede de segurança é extremamente importante, se a sua relação precisa prosperar.

Seja um Defensor

Lembro-me claramente do telefonema de Debbie. Ela estava pedindo uma consulta para ela e seu marido, Kerry. Durante a nossa rápida conversa, disse que eles precisavam de algo para trazer de volta uma chama para o seu casamento. Ela não tinha certeza de que seu marido aceitaria comparecer ao aconselhamento, mas queria saber se eu os ajudaria, caso ele concordasse. Vários dias depois, eles vieram. Kerry era um homem alto, musculoso e forte, com uma barba comprida e escorrida. Minha primeira impressão era de que ele seria enfático e convincente; por isso, fiquei surpreso por causa de sua voz mansa e seu jeito passivo.

Debbie era obesa e tinha os cabelos louros. Estava usando jeans, tênis e um pulôver. Parecia tensa e frágil.

Depois da troca normal de gracejos, senti as coisas agitadas.

"Debbie, quando nós conversamos ao telefone no outro dia, você mencionou que você e Kerry precisavam de alguma coisa que trouxesse de volta uma centelha ao seu casamento. Por que você não começa me dizendo um pouquinho sobre seu relacionamento?"

– Bem, eu não acho que alguma coisa esteja realmente errada conosco. Pelo menos nada importante. Mas nós não conversamos muito. Acho que somos o clássico casal: tão acomodados juntos que não sabemos mais o que realmente satisfaz o outro. Eu tenho notado que estamos fazendo mais críticas do que compartilhando ultimamente. Não posso falar por Kerry, mas acho que nós dois possivelmente estamos nos sentindo desencorajados pelo modo como as coisas estão indo.

– Que acha disso, Kerry? – falei. – Como você se sente em relação ao andamento das coisas neste ponto do casamento?

Kerry passou a mão sobre a barba.

– Bem – disse ele calmamente – não pode ser tão sério assim. Estamos casados há quatorze anos e temos duas crianças fortes. Trabalho muito e gosto de jogar golfe. Debbie trabalha e gosta de "tricotar" com suas amigas.

– Então, no que lhe diz respeito, as coisas estão bem?

– Da minha perspectiva, sim. Mas Debbie diz que não está feliz, e eu estou tendo dificuldade para entender qual é a sua queixa. Definitivamente eu não sou como os camaradas com quem trabalho, que passam toda noite em um bar.

– Eu não sei como as coisas podem estar bem. – Debbie falou com mais rispidez na voz. – Há meses que estou lhe falando que quero mais do nosso relacionamento. Estou cansada de você me dando conselho sobre como cuidar da casa e educar as crianças. Tenho pedido mais tempo com você, mas sempre surge alguma coisa.

Kerry encarou Debbie, incrédulo. Ele estava visivelmente irritado. Levou vários minutos até que pudesse mostrar uma reação.

– Conversamos sobre isso numa outra noite e concordamos em passar mais tempo juntos. Eu achei que de certa forma isso fosse resolver as coisas.

– Foi um belo começo, Kerry, e eu aprecio sua disposição em tentar resolver a questão. Mas acho que precisaremos mais do que tempo. Precisamos de novas idéias para tornar nosso casamento melhor.

– Eu não sei por que você está tão frustrada – ele disse. – Acho que a maioria das mulheres estaria feliz com um homem que trabalha muito, fica longe de confusão e é um bom pai para seus filhos. Tenho a impressão de que você não valoriza o que conseguiu.

Debbie recuou e se afastou.

– O que está acontecendo com você neste momento, Debbie? – perguntei.

– Bem, você ouviu. Ele acha que não há nada de errado. Se este é o caso, eu não vejo como será possível nós fazermos qualquer mudança.

– Tente ser mais específica sobre o que você quer – disse.

– Nós não dizemos coisas agradáveis um ao outro. Eu nem consigo me lembrar a última vez que Kerry me fez um elogio. Nunca pusemos uma roupa melhor e saímos para um jantar mais requintado, só nós dois. Não sorrimos muito e raramente rimos juntos. Se eu apenas sugerir a Kerry que poderíamos fazer melhor, ele fica zangado. Cheguei ao ponto de estar perdendo as esperanças de que as coisas possam mudar.

Embora Kerry não estivesse muito inclinado a vir para o aconselhamento e não visse muita necessidade de mudança no relacionamento deles, ele concordou em participar das próximas sessões. Trabalhei com eles por vários meses, ajudando-os a ver que o que eles estavam fazendo não era o problema, mas o que eles não estavam fazendo.

Os dois precisavam diminuir as críticas e aumentar as palavras de estímulo. Precisavam também aprender a fina arte de apoiar seu cônjuge.

Expliquei a Kerry e Debbie que casamento é como um carro antigo, que requer muito amor e atenção. Pedi a eles que imaginassem um carro maravilhoso com muitas qualidades e muitos quilômetros rodados.

"Esse carro", disse "viajou por muitas estradas. Com o tempo, apresentou alguns estragos e agora precisa de umas restaurações. O motor precisa ser regulado e alguns detalhes na carroceria precisam ser lanternados. A boa notícia é que se você gastar algum tempo na manutenção desse carro, ele recuperará sua beleza e dará a você muito mais tempo funcionando bem. Mas, se você se recusa a dar o tempo e a atenção que ele requer, você vai ter em suas mãos um objeto mais avariado ainda". Eu disse a Kerry e Debbie que eles precisariam criar o hábito de apoiar um ao outro. Eles não podiam encarar isso de maneira leviana, mas tinham que encarar como um apoio obrigatório. Eles poderiam se cumprimentar calorosamente depois do trabalho, sorrir um para o outro enquanto estivessem conversando e se surpreender mutuamente com presentinhos e demonstrações de afeto. Eles deveriam criar sua própria linguagem afetiva, enquanto tentavam aprender o que faz o outro se sentir bem. Incentivar deveria ser seu ponto de partida.

Enquanto eu trabalhava com Kerry e Debbie durante as poucas semanas seguintes, houve um progresso lento, mas garantido. No início, Kerry não estava muito animado em pôr em prática essa nova linguagem afetiva, mas – justiça seja feita – ele estava querendo fazer uma tentativa. Mais tarde, durante uma sessão, ele mesmo me disse como tinha gostado "da nova Debbie", porque ela estava amável e o incentivava. Enquanto isso, Debbie se emocionava com as mudanças que Kerry estava produzindo para revigorar o relacionamento deles.

A Força do Desencorajamento

Uma nuvem negra paira sobre um casamento onde há muita crítica e desestímulo. Isto é como se fosse um telhado – palpável e perturbador – acima do qual o espírito nunca pode se elevar.

Bem Zander, maestro da Orquestra Filarmônica de Boston e professor de música no Conservatório de Música na Inglaterra, como também co-autor de *The Art of Possibility* (A Arte da Possibilidade) descreve um problema entre seus alunos. Ele fala sobre o problema do desestímulo lembrando de seus alunos, que pareciam presos a um hábito de ficar ansiosos, tirando a espontaneidade, a criatividade e a leveza de sua música.

Zander compartilha seu dilema.

"Aula após aula, os alunos ficavam num estado tão crônico de ansiedade, por serem testados em seu desempenho, que relutavam em correr riscos com suas apresentações."

Eu não podia ajudar, mas considero que esse problema é semelhante a viver nas trincheiras do casamento – ou deixar de criar um ambiente seguro, no qual os cônjuges se apóiem mutuamente. Quantos casais estão relacionados com ansiedade, com medo de sufocar as idéias e os sonhos do outro? Num relacionamento em que impera a reprovação, a criatividade acaba. Neste lugar tão árido, o amor não pode florescer.

Zander observou o profundo impacto que a desaprovação e a crítica dos professores tinham sobre seus alunos. Os anos de educação tiveram seu preço. Os alunos tornaram-se sem brilho em relação a seus próprios talentos incríveis e suas possibilidades. Ele percebia a genialidade dos alunos adormecida, sufocada por um mundo que media a realização por comparação falsa e arbitrária.

Então, ele começou a pensar diferente, fora do convencional. Ele imaginou um mundo livre do desestímulo e analisou o impacto que podia ter sobre o aluno. Ele inventou um esquema – que certamente o estabelecimento (o conservatório) não aprovaria. Mas ele tinha que tentar.

Zander apresentou uma idéia engenhosa. Ele a chamou de "dar um A". No início do curso, ele disse a seus alunos que cada um receberia um A para o trimestre, se eles satisfizessem uma exigência. Eles deveriam escrever uma carta, datada para três meses depois, declarando: Caro Mr. Zander, eu consegui meu A porque ..."

Eles não podiam usar palavras como "Eu desejo", "Eu espero" ou "Eu pretendo". Suas cartas tinham que transportá-los para o futuro e, olhando para trás, relatar todo o aprendizado que adquiriram e as coisas importantes que conquistaram durante o trimestre. Mais importantes do que suas conquistas acadêmicas, Zander disse a seus alunos, era o progresso que eles alcançariam como pessoas.

"Estou interessado na atitude, nos sentimentos e na visão global dessa pessoa, que terá feito tudo que desejava fazer ou terá conseguido ser tudo que desejava. Eu quero que eles se apaixonem perdidamente pela pessoa que estão descrevendo na carta".[1]

Um pensamento atual? Sem dúvida. E, o que é mais importante, *a salvo – livre da falta de estímulo, cheio de incentivo.* Os resultados de sua experiência foram extremamente positivos. Os alunos ficaram novamente motivados para aprender – não pela classificação, mas pelo simples prazer de aprender. E pelo prazer de aprender por eles mesmos. Eles aprenderam a defender suas próprias idéias e a se auto-avaliar.

Por que a experiência de Zander foi um sucesso tremendo? Acho que ela diz muito sobre a natureza humana. Ela afastou a ameaça de serem julgados e o bloqueio que geralmente a acompanha. Ele acrescentou o elemento da descoberta quando os alunos descobriram maneiras singulares de firmar seu próprio aprendizado. Eles conseguiram se livrar da preocupação incômoda com graduações e se concentrar no que era realmente importante.

O que poderia acontecer se pudéssemos trabalhar da mesma forma para eliminar a falta de incentivo dos relacionamentos conjugais? O que poderia acontecer se nós seguíssemos o conselho de Zander, experimentando "dar um A" para todos que nós conhecemos – inclusive a nós mesmos? Eu lhe asseguro que os resultados seriam impressionantes. Nunca nos cansamos de obter um A.

A Força do Encorajamento

Se o desestímulo está embotando e entupindo as artérias da comunicação conjugal, imagine o poder vital do incentivo ou o que Zander chama de "dar um A" e eu chamo de incentivar seu cônjuge.

Zander compartilha o que "dar um A" poderia representar no mundo real.

> Este é um meio encorajador de aproximar pessoas que prometem transformar você, bem como a elas mesmas. Isso é uma mudança de atitude que torna possível que você fale livremente (com segurança) sobre seus próprios problemas e sentimentos, enquanto, ao mesmo tempo, você apóia outros para que sejam tudo que eles sonharam ser. A prática de "dar um A" transforma

seus relacionamentos do mundo do inalcançável para o mundo da possibilidade.[2]

Num mesmo estado de espírito, quando alguém perguntou a Michelangelo como ele esculpiu algo tão extraordinariamente tocante como a estátua de Davi, ele respondeu que apenas retirou o excesso de material – tudo aquilo que não era Davi – para revelar a obra de arte por dentro, e a estátua apareceu.

Este conceito está relacionado à importante mensagem deste capítulo – a importância de desafiar todas as possibilidades que permanecem latentes, tímidas e silenciadas dentro de nossos cônjuges. Cada um de nós carrega um pouco de Michelangelo, desafiando a obra do Criador e tudo que está entre nós, e agindo de acordo com nossa majestade, livrando-nos a nós mesmos daquele "material em excesso". Ficamos girando, dando voltas, embaraçados, com medo e muito sem estímulo. Nossa vaga semelhança com Cristo foi contaminada pela crítica. Desejamos ardentemente ouvir de novo as palavras perdidas há tanto tempo na infância: "Você é especial demais para mim".

Quem nunca foi ferido pela rejeição, crítica e negativismo? Quem nunca se escondeu em sua concha, diante desse abandono, e jurou nunca mais se expor a críticas novamente? No entanto, com apoio, desejamos enfrentar o mundo. Com o estímulo de outros e a esperança murmurante do Espírito, caminhamos confiadamente quando entendemos que através de Cristo todas as coisas são possíveis (Fp 4.13). Somos "lançados" mais uma vez para as nossas aptidões pelo do poder e pela pessoa de Cristo, que habita em nós.

Ouça as palavras do salmista, que nos dá uma breve visão de como Deus nos vê:

> Eu te louvarei, porque de um modo assombroso, e tão maravilhoso fui feito; maravilhosas são as tuas obras, e a minha alma o sabe muito bem. Os meus ossos não te foram encobertos, quando no oculto fui feito, e entretecido nas profundezas da terra. Os teus olhos viram o meu corpo ainda informe; e no teu livro todas estas coisas foram escritas; as quais em continuação foram formadas, quando nem ainda uma delas havia (Sl 139.14-16).

Uma Questão de Perspectiva

Nem sempre é fácil ver a beleza e a majestade na outra pessoa. Em vez de ter a visão do Criador, queremos saber no que Deus estava pensando quando criou nosso cônjuge com todas as suas imperfeições. Como – nós questionamos com impertinência – nosso cônjuge pode pensar como pensa? Como pode agir dessa maneira? Como, Senhor, ele pode ser do jeito que é? Ver o que os outros fazem de errado é muito mais fácil do que ver o que eles fazem certo. Admitir o que fazemos de errado é ainda mais difícil.

Tenho compartilhado minha própria experiência a este respeito quando acordava meus dois filhos. Por causa do meu próprio perfeccionismo, quando eu vinha para casa à noite, notava imediatamente todas as coisas que eles tinham deixado espalhadas pela casa. Se você tem filhos pequenos, pode perfeitamente se identificar. Eles eram... bem... eram crianças. Sempre largavam luvas de beisebol, casacos, sapatos, meias sujas e todo tipo de coisas. Eu reagia correndo a casa como um sargento treinando. E, então, freqüentemente, quando eu chegava a casa depois de um dia de trabalho, meus garotos, temendo o apurado espírito crítico do seu pai, se escondiam. Sem observar ou pretender fazer assim, eu havia caído no erro grave que nós estamos discutindo neste capítulo – viver nas trincheiras da crítica e do desestímulo, em vez de apoiar seu espírito jovem.

Em algum ponto deste triste drama, comecei a entender o erro dos meus métodos. Mas, mudar nunca é fácil. Compartilhei meu desagradável padrão de comportamento com um amigo psicólogo, que me recomendou usar "a interrupção de método". Ele recomendou que, em vez de continuar com aquele ritual de observar algo errado, sempre que eu voltava para casa, devia me obrigar a dizer alguma coisa agradável. Antes que eu pudesse começar aquele discurso longo que estava na ponta da minha língua, eu tinha que envolver meus filhos numa conversa amável, perguntando a eles sobre o seu dia ou falando alguma coisa positiva sobre eles. Às vezes, eu quase estourava minha língua. Como eu gostaria de aconselhá-los, dizendo como poderiam ser melhores filhos. Mas meu amigo me disse que essa aproximação era fora dos limites e improdutiva. Felizmente, dei ouvidos ao que ele falou.

Com essa mudança, veio um resultado interessante. Minha família começou a gostar de me ver quando eu chegava na porta. Cada um saía correndo para o seu esconderijo secreto. Meus filhos realmente gostavam de estar comigo! Eles passaram a me contar coisas maravilhosas que estavam acontecendo na vida deles. Também compartilhavam suas dificuldades, sabendo que eu realmente ouviria em vez de apresentar soluções rápidas numa posição de superioridade.

Qualquer um pode ver qual mundo era melhor para meus filhos e para mim. Eu aos poucos compreendi uma importante verdade – tudo é uma questão de perspectiva. Eu podia fazer meus meninos se comportarem, mas perder a sua amizade. Eu podia gastar minhas energias fazendo-os obedecer à força, ou poderia conquistar seus corações. Os mesmos princípios se aplicam ao casamento e a outros relacionamentos.

Uma Mudança de Opinião

Em seu livro *When Bad Things Happen to Good Marriages* (Quando Coisas Ruins Acontecem aos Bons Casamentos), os autores Les e Leslie Parrot apontam a causa principal de atitudes ruins – desenvolvendo um modo negativo de pensar em relação à seu cônjuge.

Les compartilha uma experiência quando ele foi ouvir o grande antropólogo da Rutgers, Ashley Montagu. Seu assunto do dia era "psicoesclerose" – solidificação das atitudes. Les Parrot explica que um dos pontos que ele destacou do discurso de Montagu foi a importância de nos vacinarmos contra atitudes negativas crônicas. Parrot recomenda os seguintes meios de evitar esta perigosa armadilha no casamento.

Primeiro, *busque aquilo que é positivo.* Isso implica procurar coisas boas sobre seu cônjuge e soluções positivas para situações desagradáveis. Em vez de enveredar pela fácil espiral descendente – falar e pensar negativamente – procure soluções positivas e coisas construtivas para dizer. Tente passar um dia e depois uma semana sem fazer nenhuma crítica.

Segundo, *recuse-se a ser uma vítima.* Os Parrots dizem que autopiedade é um luxo que nenhum casamento pode se dar. Em vez de balançar sua cabeça e insistir no fato de que seu parceiro ronca muito, está sempre atrasado ou mastiga a comida com a boca aberta, habitue-se a enxergar além das questões pequenas.

Isso significa que você deve ignorar todos os problemas? Certamente que não. Significa simplesmente que você se habitue a ver uma imagem mais ampla e coloque as coisas na perspectiva certa. Você decide quais os problemas que são realmente grandes a ponto de merecer atenção. Escolhe suas batalhas cuidadosamente em oração. Então, dos itens que você decide que não são os mais importantes você acrescenta uma cota de energia positiva para a situação que parece complexa.

Terceiro, *abra mão dos rancores.* Conforme aprendemos no último capítulo, abandonar os rancores do passado e praticar o perdão são componentes importantes em qualquer casamento saudável. Os Parrots acrescentam: "Nada impede mais que as atitudes boas se manifestem do que um belo ressentimento. Amargura e ressentimento são os venenos para o pensamento positivo".[3]

Quarto, *dê a você mesmo e a seu casamento algum encanto.* Muitos hábitos ruins são como as marcas da roda do carro na estrada. Eles estão de tal maneira entranhados na paisagem que dificilmente notamos. Mas devemos nos empenhar em eliminar essas "marcas" e encantar nosso cônjuge.

Apoiar seu cônjuge é difícil, e até impossível, se sua atitude for negativa. Você terá muita dificuldade de encontrar coisas agradáveis para dizer se você estiver centrado nas coisas negativas da vida – e você pode encontrar muitas delas. Anais Nin, disse isso de maneira convincente: "Não vemos as coisas do jeito que elas são, mas como nós somos".

Quando usamos os antolhos do negativismo, como eu fiz com meus filhos durante tantos anos, tudo que vemos é escuridão. Nunca podemos apreciar inteiramente o sol evanescente.

A Bênção

Virgínia era uma professora de 62 anos e tinha o cabelo curto e grisalho. Ela era magra e estava vestida de maneira simples e elegante, com uma saia moderna e um suéter igual. Ela estava pronta para uma primeira consulta e anotou na ficha que tinha vindo ao consultório "porque [se sentia] cansada o tempo todo".

Virgínia negou estar deprimida, e ela não tinha nenhum dos sintomas comuns de depressão, a não ser falta de energia. Ela disse que seu sono era irregular, que acordava várias vezes toda noite, "com os mais horríveis sonhos que alguém pode imaginar".

Durante suas primeiras sessões, Virgínia forneceu detalhes sobre sua vida. Ela era muito bem casada, agora, em seu terceiro casamento. Seu marido, Bradley, era um piloto reformado da aviação, e eles gostavam de viajar juntos. Virgínia se iluminava quando falava de seu relacionamento com o marido. "Nós somos muito felizes, mas eu ainda me preocupo que eu possa estragar as coisas de algum modo, porque meus dois primeiros maridos não foram corretos".

Seus dois primeiros maridos eram homens dominadores. "Eu cultivei ressentimento por eles, mas sou cristã. Jurei que não me separaria "até que a morte nos separe", e tentei de tudo para fazer as coisas funcionarem". Virgínia olhou para baixo, e sua voz abrandou-se. Sinto-me terrível por não ser capaz de amá-los de verdade. Mas eu estava morrendo interiormente.

– Você pediu aos dois o divórcio? – perguntei.

– Sim – ela respondeu calmamente. – Sinto-me culpada por isso, mas, em cada caso, esta foi a decisão certa para mim. Eu não podia respirar nesses casamentos. Meus dois maridos eram homens rudes. Eles bebiam demais e estavam sempre deprimidos, derrotados. Sempre gostei muito de viver, mas não podia quando estava com eles.

– Você sentia que tinha que sair para recuperar sua felicidade?

– Sim, e eu consegui fazer isso.

– O que lhe dá alegria? – perguntei.

– Meu jardim – ela disse com entusiasmo. – Eu sou mestra em jardinagem e ganhei muitos prêmios por causa de minhas rosas durante anos. Tenho cerca de 40 tipos diferentes, e elas tomam muito do meu tempo. Eu vou trazer algumas pra você, se é que você quer – disse ela, rindo com satisfação.

– Isso seria maravilhoso – disse. – Fale mais sobre o que você faz para manter as rosas saudáveis e viçosas.

– Oh, elas dão muito trabalho, mas me distraio bastante. Isso não é um serviço doméstico. Não mesmo. Você protege as raízes das plantas e fertiliza o solo adequadamente. Verifica se elas têm água suficiente, mas não demais. Você vigia cuidadosamente por causa dos insetos e das pragas. E deixa o resto com Deus.

Eu não podia deixar de pensar no paralelo óbvio com a vida humana. Sob as condições corretas, nós prosperamos. Sob as condições erradas, nosso desenvolvimento é tolhido, ou pior, nos debatemos e morremos, tanto emocionalmente quanto espiritualmente.

– Seria justo dizer, Virgínia, que, em seus dois primeiros casamentos, seu jardim pessoal não recebeu o suficiente da luz do sol, dos nutrientes e da segurança de que precisava para florescer? Com maridos rudes, críticos, talvez você não pudesse ser tudo que podia ter sido se eles a tivessem suprido com estímulo e segurança.

– Virgínia me olhou por um momento, com o olhar cheio de tristeza.

– Eu nunca pensei sobre isso desta maneira, mas você está certo. Meus pesadelos são sempre tristes. Eu acordo chorando, sem nunca saber por quê. Mas eu sei que na minha vida inteira eu tive razão para chorar. Tudo isso não começou com os meus maridos. Meu pai era rude e também dominador comigo. Ele também era violento e dominador com minha mãe. Eu o vi gritar com ela durante anos. Eu nunca tive uma vida muito segura.

– Você já ouviu falar sobre o livro *A Dádiva da Bênção na Família de Smalley* e Trent?

– Creio que não.

– Esse livro me faz lembrar seu jardim de rosas. Assim como você providencia os ingredientes necessários para que suas rosas floresçam, Smalley e Trent nos lembram que precisamos de certos elementos para que tenhamos sucesso em nossos relacionamentos. Esses ingredientes podem não ter estado presentes no início de sua vida, em casa, e, pelo que você me contou, eles não estiveram presentes em nenhum dos seus casamentos. Sem esses ingredientes, não podemos ser bem-sucedidos. De fato, nós mal podemos sobreviver.

Continuei a partilhar com Virgínia trechos importantes do livro, no qual Smalley e Trent divulgam novamente o conceito "da bênção". O Antigo Testamento abrange muitas bênçãos. De fato, Smalley e Trent dizem: "Alguns aspectos dessa bênção do Novo Testamento foram exclusivamente para aquele tempo. Contudo, os elementos relacionais desta bênção são perfeitamente aplicáveis hoje." Em grande parte, as bênçãos estão relacionadas diretamente ao importante conceito de apoiar nossos cônjuges.

Smalley e Trent afirmam: "A presença ou ausência desses elementos pode nos ajudar a determinar se nossa casa é, ou se a casa de nossos pais era, um lugar de bênção... Um estudo sobre a bênção sempre começa no contexto de aceitação dos pais . Contudo, estudando a bênção nas Escrituras, nós descobrimos que seus princípios podem ser usados em qualquer relacionamento íntimo".[4]

Vamos analisar brevemente cinco elementos de uma bênção e por que esses elementos são tão importantes para estimular nosso cônjuge.

O primeiro aspecto de uma bênção é um toque expressivo. Quando Isaque abençoou seu filho Jacó, ele disse: "Chega-te e beija-me, filho meu" (Gn 27.26). Como muitas bênçãos das Escrituras, o toque expressivo dava suporte de cuidado para as palavras faladas. O toque expressivo, como o estudo de psicologia descobriu repetidas vezes, transmite calor humano e aceitação. Pesquisadores o associam com saúde física.

O segundo aspecto da bênção é uma mensagem falada de amor e aceitação. Depois da lua-de-mel, muitos casais ficam esperando as palavras de amor e aceitação. Mas nunca cansamos de ouvir que somos apreciados e aceitos pelo que somos.

Um toque expressivo e uma mensagem falada nos levam ao terceiro elemento: as palavras de extremo valor. Em Hebreus, a palavra *abençoar* significa, literalmente, "dobrar o joelho". Quando trazemos essa bênção para o nosso casamento, mostramos verbalmente que nosso cônjuge é importante e tem qualidades compensadoras. Alguns poderiam dizer que verbalizar estes sentimentos é desnecessário. "Ela sabe que eu a amo" – um homem me disse recentemente. "Por que eu tenho que ficar falando para ela?" A resposta é que precisamos de constantes demonstrações verbais e não verbais de bênção. Isso é o brilho do sol, o cuidado com a raiz e a água, que fazem o jardim se desenvolver. Sem atenção constante, como Virgínia descobriu com seu jardim, toda criatura perderia a vitalidade.

Um quarto elemento da bênção é a maneira como ele retrata um futuro especial para a pessoa que recebe a bênção. Isaque diz a seu filho: "Assim, pois, te dê Deus do orvalho dos céus, e das gorduras da terra [...] Sirvam-te povos, e nações se encurvem a ti" (Gn 27.28,29). Temos uma oportunidade única no casamento para retratar um futuro especial para nosso parceiro.

Finalmente, o último elemento na bênção retrata *a responsabilidade que acompanha a dádiva da bênção.* Aqui oferecemos ao nosso cônjuge uma incumbência de fazer todo o possível para ajudar a bênção a produzir fruto. Assim como Virgínia meticulosamente providenciou os ingredientes para as suas preciosas rosas, agora nos dedicamos a fornecer os cinco ingredientes para a pessoa a quem amamos. Nós oferecemos comunicação expressiva e uma mensagem falada, nós empreendemos alto valor para quem está sendo abençoado e retratamos um futuro especial para ele ou ela, e nós confirmamos a bênção por um entrega operante. Neste ambiente, o casamento é bem-sucedido. Sem isso, ele esmorece e acaba.

Analise como estes cinco elementos de uma bênção podem ter existido nos seus primeiros anos, na vida em família, ou estão presentes em seu casamento hoje. Pela graça de Deus, eu li o livro de Smalley e Trent enquanto meus filhos eram ainda bem pequenos. Eu fiz um esforço deliberado para expressar essas bênçãos na vida deles.

Lembro-me perfeitamente de chamar em particular meu filho mais velho, Josh, quando ele tinha 10 ou 11 anos. Eu lhe disse que podia perceber o seu coração bondoso e seu desejo de ajudar os outros. Ele era bom, preocupado com seus avós, sempre procurando meios de fazê-los se sentirem amados. Não me surpreende que hoje ele seja um jovem gentil, pronto a ajudar material e espiritualmente aqueles que estão aflitos.

Quando nós conversamos, Virgínia escondeu seu rosto entre as mãos e chorou pela criança dentro dela, que nunca tinha sido abençoada, e pelo adulto, que nunca tinha recebido estes elementos da bênção. Nas semanas seguintes, discutimos estas questões, levamos tempo para compreender suas perdas e suas angústias, e examinamos algumas maneiras como poderia curar-se e se nortear, e também seu relacionamento com o novo marido. Nós examinamos como Deus poderia, mesmo a essa altura, tocar o coração dela e curar as feridas do passado. Examinamos como Deus, o médico ideal, tinha planos elevados, tinha grandes sonhos para ela e cuidava dela com infinito amor, independentemente do que ela tenha feito ou não para conquistar esse amor.

Considere as palavras do profeta Jeremias: "Porque eu bem sei os pensamentos que penso de vós, diz o Senhor; pensamentos de paz e não de mal, para vos dar o fim que esperais" (Jr 29.11).

A Graça Divina

O apóstolo Paulo começou muitas de suas cartas com palavras de encorajamento. Embora ele sempre desse conselhos importantes, temperou generosamente suas palavras com garantia. Ele sabia o que nós sabemos – que a crítica constante só desestimula e raramente edifica? Que as pessoas e os casamentos precisam de bênção e estímulo para sobreviver? Que uma pessoa não precisa conquistar uma bênção? Ouça esta declaração separada para a Igreja de Tessalônica:

> "E o mesmo Deus de paz vos santifique em tudo; e todo o vosso espírito, e alma, e corpo, sejam plenamente conservados irrepreensíveis para a vinda de nosso Senhor Jesus Cristo. Fiel é o que vos chama, o qual também o fará" (1 Ts 5.23,24).

Sempre aguardo a bênção depois do sermão em nossa igreja. Eu posso ser movido veementemente pelos cânticos e a adoração, e convencido pela pregação e leitura da Palavra, mas fico ansioso pelo "toque final" da bênção. Aqui, nesses poucos momentos de calma, minha alma sedenta absorve as palavras. Aqui eu também me empenho com minhas qualificações para receber a bênção. Eu sou digno o bastante? Eu fui bom o suficiente nesta semana que passou? Eu faço o possível para calar as críticas mais íntimas e simplesmente receber a dádiva da bênção?

Fiquei tão emocionado com uma bênção impetrada há vários anos por um primo pastor, Jim Sundholm, que depois de ouvir novamente uma gravação do seu sermão, decidi decorá-la. Tenho usado em minhas oficinas para encerrar aqueles momentos transmitindo uma bênção aos participantes. Vou colocá-la aqui como estímulo para você e para encerrar nosso capítulo.

> Graça e paz da parte de Deus nosso Pai, através de nosso Senhor, o Cristo, em quem nós temos tudo que somos e tudo que nós sempre seremos, em um mundo que, pela graça de Deus, não terá fim. Amém!

Capítulo Oito

Pare de Viver com Cercas de Papel:

De maneira ideal, um casal apaixonado liberta um ao outro para mundos novos e diferentes.

De maneira ideal, um casal apaixonado liberta
um ao outro para mundos novos e diferentes.
– Anne Morrow Lindbergh

Uma camada fria e cristalina gruda nas janelas do meu carro, de manhã, ultimamente, obrigando-me a gastar alguns minutos a mais raspando e limpando o meu pára-brisa antes de sair para o trabalho. Uma lua cheia na noite anterior significa uma camada ainda mais grossa de gelo na manhã seguinte.

Não dá mais pra correr descalço para pegar o jornal. Não dá mais para fugir até o carro de camiseta. Eu já guardei meu casaco curto de verão e substituí pelo meu pesado casaco de lã. Terminou o verão, veio o outono, e o inverno não está muito longe.

O outono invariavelmente muda nosso foco para assuntos diferentes de viagens para a praia e churrascos – duas coisas da maior importância: as férias estão chegando, e nossas famílias estarão reunidas.

Não me interprete mal. Sou um conservador. Adoro as festividades que acompanham as férias. Gosto das celebrações do Dia de Ações de Graças, o peru com purê de batatas e boas conversas. Gosto de ver os membros da família chegarem de fora da cidade e darem continuidade àquelas tradições tão arraigadas. Gosto das risadas e diversões que têm feito parte da minha família por muitos anos. Amo todos os motivos para esta temporada.

Mas não se engane quanto a isto. As férias, mais do que qualquer momento do ano, são o momento de pôr em prática o ponto-chave deste capítulo – *aprender a criar limites saudáveis.*

As férias são o momento quando a família e os amigos parecem juntar-se. Alguns vão testar nosso ânimo. Todos, inclusive nossos cônjuges, podem provocar questões sobre limites.

Fui criado numa família grande, numa cidade pequena, numa rua pacata. Tenho três irmãs e um irmão, e estou exatamente no meio do grupo. Todos nós, inclusive os cônjuges, filhos, pais e amigos, vamos nos reunir por causa das férias.

Minha família, talvez como a sua, vem com bagagem! Mais precisamente, ela vem com tendências a ultrapassar os limites emocionais. Os membros da minha família, talvez como os da sua, vêm com personalidades e opiniões que eles não têm medo de compartilhar. Alguns são moderados para falar, gentis e muito sensíveis aos sentimentos dos outros. Outros são... bem, um pouco mais dominadores. A maioria respeita os limites uns dos outros, mas alguns têm menos capacidade de pôr em prática este conceito. Aprendi que qualquer reunião de família e amigos traz a possibilidade de ferir sentimentos.

Numa recente reunião de família passei por uma situação difícil por causa de limites. Isso aconteceu numa questão inocente, como costuma acontecer, e começou com uma simples pergunta.

Meu pai perguntou como estavam as minhas viagens para divulgar meu mais recente livro. Ele parecia realmente interessado e preocupado. Nenhum problema até agora. Então, uma de minhas irmãs (nome mantido em sigilo por autopreservação) perguntou se eu estava me alimentando bem. Uh-oh!

– O que você quer dizer? – perguntei.

– Bem, você precisa garantir que não vai se alimentar depois das nove da noite, porque seu corpo não pode fazer bem o metabolismo depois dessa hora. Isso pode fazer você ganhar peso.

Imediatamente fiquei irritado. A última coisa que queria falar era sobre o meu peso.

– Eu me alimento da melhor maneira possível quando viajo – respondi. – Além disso, não tenho certeza se você está correta quanto a comer depois das nove.

A essa altura, eu estava tenso e ansioso para mudar de assunto. Senti-me arrastado para um debate do qual eu já estava cansado. Meus limites ficaram incrivelmente vulneráveis.

– Ela está certa, David – um outro irmão se interpôs. – Estudos mostram que você não deveria comer muito antes de ir dormir porque seu corpo cessa de trabalhar. Você tem que se certificar se está se alimentando na hora ideal.

Você deveria evitar comer em seu quarto à noite. Você engordou enquanto estava viajando?

Naquele momento, meu pai entrou na discussão. Embora seja muito querido para mim, devo admitir que ele ainda tem a tendência de proteger seus filhos. Eu fiquei desconcertado e curioso de saber que tipo de reprimenda ainda viria.

– Acho que isso é verdade, filho. Quando eu tinha a sua idade, costumava vir para casa tarde do trabalho, e sua mãe estipulou uma refeição – carne, batatas, tudo, serviço completo – e eu engordei dez quilos em um ano.

– Mais que isso, querido – disse minha mãe, sem perceber minha crescente tensão.

– OK, quinze quilos. De qualquer modo, filho, você precisa vigiar como você se alimenta quando está viajando ou vai ficar como eu.

A esse ponto, eu não sabia se deveria explicar que comer batata e carne, independentemente da hora do dia, sem fazer exercício, com certeza vai fazer ganhar peso. Eu estava convencido de que o aumento de peso de papai tinha menos a ver com o *horário* em que ele comia do que com *o que* ele comia. Mas a questão não era essa. E, o mais importante de tudo, isso não era problema meu. Tudo que eu queria era escapar daquela discussão!

Quando você analisa esta conversa em família, aparentemente inofensiva, vai observar várias coisas. Você verá que ela começou de maneira bem inocente e, quando terminou, eu estava me sentindo confuso e incomodado. Você pode até rir e compreender muito bem, observando que tais conversas ocorrem sempre nos casamentos e relações familiares, talvez nas suas próprias relações.

Vamos examinar mais de perto. Quando começou o problema? Por que ele aconteceu?

Meu pai me perguntou muito inocentemente sobre minhas viagens. Nenhum problema até aí. Mas então eles me *disseram* que eu observasse como estava me alimentando. Embora isso não constituísse um grande problema, eu não tinha pedido conselho. Então, ele ultrapassou o limite imaginário que devemos respeitar um com o outro. Então você vai observar que eu cometi um erro – eu me defendi. Dar explicações defensivas só vai acrescentar um problema de limite. Ele envia uma mensagem de que nós estamos dispostos, e, para dizer a verdade, ansiosos para continuar a discussão, sem levar em conta nosso mal-estar. Antes de eu saber o que estava acontecendo, minha família tinha me envolvido numa discussão sobre o meu *peso* – uma discussão que eu não gostaria de ter. Antes de eu saber disso, senti-me receoso, irritado e inseguro comigo mesmo. Eu queria me livrar da minha família – justamente as pessoas com quem mais me preocupo e com quem eu gosto de passar o tempo.

Essas conversas podem ocorrer facilmente, criando confrontos e ansiedade nas famílias e nos casamentos. Esses são os problemas sobre os quais nós vamos aprender neste capítulo, de modo que possamos evitar cometer nosso próximo erro grave – *viver com cercas de papel.*

Cercas

As pessoas atualmente falam muito sobre limites, e com razão. Eles separam nossas vidas das vidas dos outros. Eles definem como nós somos diferentes de outros e como queremos ser tratados. Estas cercas invisíveis, como as visíveis em torno das nossas casas, nos protegem. Nós somos responsáveis por cuidar do que fica atrás daquelas cercas, inclusive o mais íntimo do nosso ser.

Há algum tempo, escrevi um livro inteiro sobre este assunto: *When Pleasing Others Is Hurting You* (Quando Agradar os outros Magoa Você). Observei que Deus estabeleceu uma certa ordem e limites no universo. Depois de designar um universo bem organizado, com água e terra restritas a certos limites, Ele estabeleceu uma criação que seguiria certas leis físicas, como a gravidade. Ele também estabeleceu orientações espirituais que causam impacto as nossas vidas, como a lei de plantar e colher, que nós temos experimentado.

Assim como os limites geográficos nos ajudam a definir onde nossa propriedade começa e termina, os limites emocionais, espirituais e físicos nos ajudam a determinar quais as coisas que são de nossa responsabilidade e as que não são.

Usando esta definição simples – *compreendendo o que é e o que não é nossa responsabilidade e vivendo de acordo com isso* – a conversa no jantar com minha família ganha novo significado. Revendo a situação, vemos que minha família, embora bem-intencionada, estava desrespeitando os limites da responsabilidade. Eles estavam dando conselho não solicitado sobre o que eu deveria comer. Eles se sentiam justificados, aparentemente, em dar esse conselho porque eu era irmão e era filho.

Você certamente vai notar que sou responsável por minha participação nessas dinâmicas de família. Eu não impus um limite que fizesse meus irmãos e meu pai saberem que eu podia cuidar de mim mesmo. Em vez disso, eu fiz a coisa tipicamente americana – fiquei irritado e me pus na defensiva. Uma vez que eles me laçaram, eu implicitamente concordei em participar do jogo.

Felizmente minha família é, até certo ponto, saudável. A situação acima é real, mas não é nem típica nem especialmente grave. Muitas famílias adotam estes padrões inúmeras vezes, em larga escala. Nestes exemplos, não deveríamos ficar surpresos que os membros da família fiquem isolados uns dos outros. Não admira que pessoas casadas passem a ter conflitos com relação a limites. Famílias e casais cujos limites não são saudáveis têm estas características.

- Eles não determinam o que é de sua responsabilidade e o que não é assunto deles.
- Eles não têm capacidade de diferençar claramente o que eles estão sentindo do que os outros membros da família estão sentindo.
- Eles não conseguem decidir por si mesmos o que querem ou o que outras pessoas querem deles.[1]

A história sobre minha família pode lembrar lhe uma situação semelhante que tenha ocorrido com seu cônjuge ou com sua família. Talvez esteja vivendo com um cônjuge ou com membros da família que dão conselhos não solicitados, sem reservas. Talvez tenha problema em dizer-lhes que você preferia não receber esse conselho. Se isso se encaixa em um dos seus relacionamentos, este capítulo será útil para você.

Duas Mulheres Diferentes

Elas eram duas mulheres muito diferentes. Uma era alta e magra; a outra baixa e atarracada. Uma tinha um grau avançado de escolaridade; a outra mal tinha conseguido receber o diploma de segundo grau. Uma era melancólica e desanimada, e a outra animada e cheia de vida. Uma tinha limites que pareciam se deslocar com o vento; a outra tinha limites que eram firmes e constantes. Uma parecia um tanto confusa; a outra tinha uma clareza peculiar e rapidez de raciocínio. Estas mulheres me forneceram ilustrações da vida real sobre os limites e o impacto que eles podiam ter sobre a vida de alguém. Elas deram exemplos sobre a importância de evitar este erro grave – viver com cercas de papel.

Kate era uma mulher cristã devotada, com seus cinqüenta anos, que veio me ver por causa dos sintomas de depressão. Estava vestida de maneira perfeita, com saia e blusa xadrez e tinha um cabelo grisalho bem arrumado. Ela estava enfrentando muita falta de energia e de entusiasmo há vários anos.

Ela me disse que seus amigos a achavam "tão doce quanto o mel", mas Kate duvidava se algum deles realmente a conhecia. Por mais estranho que possa parecer, o problema de Kate tinha origem em sua obsessão de não ferir os sentimentos de ninguém.

"Esta é a maneira como fui criada", disse ela. "Minha mãe me ensinou a nunca retrucar com ninguém. Ela disse que eu devia pôr as necessidades dos outros acima das minhas. Esse foi o modo como ela viveu sua vida."

Kate deu um sorrisinho quando se referiu a ela mesma como "uma orgulhosa mulher do sul". "Eu respeito as outras pessoas e espero que elas me respeitem. Nós sulistas não reclamamos nosso próprio modo de ser. Tentamos mostrar classe, não arrogância. Mais que qualquer coisa, queremos ser hospitaleiros. Isso é apenas parte do que eu sou. Fomos ensinados desde cedo a cuidar dos outros."

"Você nunca se coloca em primeiro lugar e sempre satisfaz os outros antes de si mesma", disse. "Isso é a coisa certa a fazer. Essa é a maneira bíblica".

Kate me disse que era casada com "um homem forte, independente". Agora aposentado, Gene era um homem de negócios bem-sucedido, e ele exigia muito de Kate, ao passo que dava pouco em troca. Durante anos ela havia aproveitado os benefícios de seu alto salário. Gostava de receber convidados em sua espaçosa casa estilo Mediterrâneo na colina com vista para a cidade. Ela também usufruía de um ótimo convívio social no Country Club. Mas não gostava da natureza dominadora de Gene.

No entanto, Kate queria saber por que aquilo a deixava tão irritada. Ela queria saber por que seu domínio a tinha tornado insegura de si mesma através dos anos. Ela deu inúmeros exemplos de como ele lhe dizia o que fazer, em que pensar e como se sentir. Surpreendentemente, só há pouco ela admitiu o fato como sendo impróprio – embora isso tivera um preço sobre sua auto-estima.

Kate disse que ela estivera deprimida por muitos anos, especialmente depois que seus quatro filhos saíram de casa. Ela sentia falta dos filhos e me confidenciou que ficar com seu marido tinha se tornado muito difícil. Porque Gene agora estava aposentado, ele ficava em casa com muito mais freqüência e se tornara cada vez mais exigente. Ele queria ser servido, tratado como hóspede, e a comida tinha que ser apenas a que lhe agradava. Ele ficava irritado a maior parte de tempo – o que ela tentava ignorar e atenuar de várias maneiras. Mas seus esforços não tiveram sucesso para evitar suas tristezas.

Recentemente suas duas filhas tinham brigado entre si. Ambas chamaram Kate e pediram sua ajuda. Ela não conseguia impor limites para cada uma e facilmente era envolvida em suas brigas. Cada uma passava horas conversando com Kate sobre sua versão da história. Kate estava insegura sobre como lidar com isso porque ela gostava das duas. Seu marido pouco se importava com a sua situação e a estimulava a "deixá-las brigar até que uma delas vencesse", deixando-a com uma sensação ainda maior de isolamento.

Cyntia era um espantoso contraste em relação a Kate. Com seus sessenta e poucos anos, usava um pulôver, jeans e uma boina vermelha. Ela veio me procurar depois que seu marido, com quem estava casada há trinta anos, se divorciou dela por causa de uma outra mulher. Desde que chegou, ela chorou várias vezes, especialmente quando falou do divórcio. Isso tinha abalado seu mundo, e ela estava tentando desesperadamente compreender a situação.

Mas, apesar de sua dor, Cyntia mostrava uma força silenciosa. Ela mostrou uma brabeza que me surpreendeu. Claramente abalada por essa inesperada situação, ela jurou se tornar ainda mais forte no decorrer do tempo. Uma mulher perseverante, Cyntia, às vezes, podia ser corajosa, chegando até a parecer atrevimento. Ela tinha uma reputação, me disse com orgulho, por falar francamente o que pensa.

Embora Cyntia estivesse visivelmente triste por causa de sua incrível perda, ela estava, acima de tudo, furiosa. Estava indignada que seu marido pudesse "divorciar-se [dela], de [seus] filhos e de [seus] netos", depois de passarem uma vida juntos. Estes eram os anos pelos quais ela tinha esperado para se alegrar com uma família maior, e agora a família estava esfacelada. Ela ainda estava fazendo um esforço para "compreender toda a situação". Tinha vindo para o aconselhamento esperando que eu pudesse ajudá-la a entender por que houve o divórcio, resolver sua mágoa e continuar sua vida. Depois do nosso primeiro encontro, tinha quase certeza sobre sua capacidade de cumprir estas coisas.

Enquanto Cyntia refletia sobre seu casamento, ela compartilhava seu embaraço em tolerar tanto "abuso" de seu ex-marido ao longo dos anos. Ela me contou sobre a história dos "namoros" dele e como havia suportado isso "por amor às crianças". Contou que havia resgatado várias vezes seu marido durante suas escapulidas, dando a ele um lar aconchegante, onde ela pudesse "perdoar e esquecer". Agora, após todos os seus sacrifícios, ela estava com muita raiva por ele ter desperdiçado seu cuidado e a deixado por uma pessoa qualquer. Quando perguntei a Cyntia por que ela havia tolerado esse constante desrespeito e destrato de seu marido, ela começou a perceber que tinha tolerado demais. E, fazendo isso, ela apenas tinha reforçado seu comportamento irresponsável.

"Eu persisti, acreditando que ele mudaria. Eu sei que isso parece ridículo, mas eu achava que ele amadureceria um dia. Realmente acreditava que ele descobriria que a grama nem sempre é mais verde e que finalmente se cansaria de enganar. Eu era ingênua, provavelmente até estúpida, algumas vezes. Eu até acreditava secretamente que Deus interviria e me ajudaria se eu mantivesse a fé. Mas agora eu compreendo que Deus permite às pessoas, inclusive meu marido, a encontrar seu próprio caminho, mesmo que isso signifique que outros fiquem magoados pelo que eles fazem."

Tanto Cyntia quanto Kate enfrentavam dificuldades emocionais. Kate sofria de uma depressão séria. Cyntia tinha sintomas semelhantes, mas a dela provinha de uma reação transitória de fracasso. O prognóstico era muito diferente para as duas mulheres. Com limites mais fortes, Cyntia podia esperar superar sua perda relativamente rápido. Ela olhou para trás e compreendeu o quanto havia permitido que seu marido levasse vantagem sobre ela com suas aventuras. Agora, ela se sentia no controle de sua vida e prometia voltar mais forte do que nunca. Ela espera coisas boas para o seu futuro.

Kate, por outro lado, provavelmente teria um período mais difícil. Ela havia revelado traços de distúrbios que poderia levar anos para vencer, tais como permitir o comportamento dominador de seu marido. Com cercas de papel como limites, sua depressão ficou entranhada e não diminuiria logo. Kate tinha muitas táticas para aprender antes que pudesse esperar melhorar significativamente. Porém, aprender a criar limites saudáveis era uma importante tarefa para as duas mulheres, e pode ser uma questão importante para você também. Tanto Kate quanto Cyntia se esforçavam por seguir o mandamento da Escritura dado pelo apóstolo Paulo em Gálatas 6.2,5: "Levai as cargas uns dos outros, e assim cumprireis a lei de Cristo [...] Porque cada qual levará a sua própria carga". A palavra "carga" sugere algo que é quase impossível administrar sozinho. Nós devemos ajudar outras pessoas quando elas encontram algum obstáculo impossível de lidar. Mas elas devem carregar suas próprias cargas – aquelas responsabilidades diárias na vida.

As palavras de Paulo, para muitos de nós, são difíceis de suportar. Estamos freqüentemente confusos sobre a melhor maneira de cuidar daqueles a quem amamos. Podemos ponderar nosso "cuidado" como sendo "carregar", e nossa excessiva permissividade como demonstração de amor. Os cristãos em particular podem permitir as fraquezas dos outros em nosso desejo de sermos pessoas generosas. Mas, com muita freqüência, deixamos de examinar honestamente como nosso comportamento aumenta e prolonga os problemas.

Quando revemos a vida de Cyntia e de Kate, vemos que as duas estavam confusas quanto a essas questões. Kate fechou os olhos para o comportamento dominador de seu marido em troca da extravagante casa na colina. Ela deu muito mais em troca por tão pouco, permitindo que fosse desrespeitada inúmeras vezes. O preço que ela finalmente pagou foi uma perda de auto-estima e uma depressão séria, tudo porque ela cometeu o grave erro de viver com cercas de papel.

Cyntia tinha mais coragem, brio, e demonstrava um forte desejo de sair do papel de vítima. Mas ela também tinha permitido que seu marido a tratasse com indiferença. Durante anos, ela tolerou o abuso das aventuras de seu marido em troca de uma conveniente vida familiar estável. Embora possamos nos compadecer dela e entender seu anseio por estabilidade, o preço que ela pagou foi muito alto. Cyntia carregava uma carga que não era para ela carregar. O comportamento de seu marido precisava de atenção há muitos anos, e fechar os olhos para isso não favoreceu a ela, a ele ou a família deles.

O Impacto dos Limites

O casamento é difícil. As famílias têm seus desafios. Contudo, esses problemas nos proporcionam uma oportunidade única. Precisamos ver essas situações desagradáveis como oportunidade para crescimento. Podemos aprender muito observando a falta de limites na interação de minha família e na vida de Kate e de Cyntia. A capacidade de impor limites é uma das mais importantes táticas que alguém pode aprender. Se nós não dominarmos a habilidade de impor limites, nossa vida vai se tornar um caos. Sem os limites, nós ficamos...

- na dúvida sobre o que pensar
- incapazes de dizer claramente o que é autêntico para nós
- inseguros sobre como nossas idéias são diferentes das idéias dos outros
- confusos sobre como cuidar de nós mesmos
- perturbados sobre como impor limites para alguns dos nossos comportamentos
- frustrados com os outros levando vantagem sobre nós

Em contraste, quando aprendemos a fina arte de impor limites, nós...

- sabemos o que pensamos
- sabemos dizer sim para coisas boas e não para coisas ruins

- sabemos como cuidar de nós mesmos
- sabemos como nossas idéias são diferentes das idéias dos outros
- assumimos a responsabilidade por nossas ações, não pelas idéias dos outros
- respeitamos a capacidade dos outros de dizer sim e não e honrarmos e respeitarmos suas decisões
- sabemos como impor limites sobre as intromissões dos outros em nossa vida
- sabemos como impor limites sadios em nossas atividades

Como você pode ver, os limites podem trazer muita liberdade. Vamos examinar novamente a interação de minha família, agora dando ênfase especial ao impacto de limites obscuros.

Primeiro, minha irmã, sem nenhuma intenção negativa, determinou que eu tinha de prestar atenção ao que eu comia quando viajasse. Embora isso possa parecer inocente, os problemas sempre começam com alguém nos dizendo o que nós temos de fazer. Via de regra, não gostamos de ouvir o que deveríamos fazer, a não ser que a gente tenha dado permissão de essa pessoa se intrometer na nossa vida.

Segundo, observe minha nítida irritação, um sinal da minha autodefesa. Porém, eu não atentei diretamente para a minha contrariedade ou a usei para impor um limite na discussão. Assim, as coisas continuaram.

Logo depois, uma outra irmã entrou na confusão e confirmou que eu devia prestar atenção ao que eu como e o "fato" de que as pessoas ganham peso quando comem depois das nove da noite.

Finalmente, meu pai acrescentou sua cota de "dois centavos" à discussão, aparentemente sem saber que minhas irmãs estavam invadindo meus limites. Permiti que minha família inteira me desse uma aula sobre como comer enquanto viajamos. Mas eu não tinha interesse no assunto ou em suas opiniões a esse respeito.

Felizmente essa conversa começou e terminou em poucos minutos e sem incidente adicional. Mas isso poderia ter piorado diante de uma série de assuntos. Pela graça de Deus, ninguém saiu ferido em seus sentimentos, e nós prosseguimos com nossa comemoração em família.

Mas o que poderia ter acontecido se a intensidade tivesse aumentado 10%? E se eu tivesse ficado um pouco mais cansado e desaprovasse esta consulta não solicitada? E se alguém tivesse continuado a me falar como eu deveria comer ou tivesse mencionado que eu parecia ter engordado uns quilos a mais durante as minhas viagens? Ou se eu tivesse decidido impor um limite avisando que eu não queria definitivamente falar sobre o assunto?

Embora esses limites na minha família possam parecer insignificantes, eles são de grande importância. Alguém com certeza pode achar que, se eu me magoei por causa do conselho sobre a viagem, então preciso crescer, agir como adulto. É exatamente o contrário. Essa interação ilustra perfeitamente o ponto chave deste capítulo. Impor limites dentro da nossa família e no casamento mantém os relacionamentos sadios. Devemos estar em alerta sobre a "manutenção dos limites" se nós quisermos manter nossos relacionamentos fortes e vibrantes.

Limites no Casamento

Se os limites nas famílias são complicados, o que acontece com eles no casamento? Townsend e Cloud, em seu livro *Boundaires (Limites)*, nos dão alguma base:

> Se existe um relacionamento em que os limites podem ficar confusos, esse é o casamento, no qual, por desígnio, marido e mulher "se tornam uma só carne" (Ef 5.31). Limites promovem independência. O casamento tem como uma de suas metas a anulação da independência e a transformação de dois em um. Que grande confusão se instala, especialmente para alguém que não tem limites bem definidos em sua convivência![2]

Townsend e Cloud afirmam que os problemas surgem quando invadimos a individualidade do outro, ultrapassando a linha e tentando controlar os sentimentos, atitudes, comportamentos, escolhas e valores do outro. Vamos examinar um pouco mais de perto alguns exemplos.

Sentimentos

Talvez nada seja tão especial para a nossa individualidade quanto nossos sentimentos. Eu tenho plena consciência de que poucas pessoas se sentem em relação às coisas como eu sinto. Às vezes acho que as coisas pelas quais me apaixono são muito menos significativas para os outros. Por outro lado, acho que o que é importante para outros pode não fazer nenhuma diferença para mim.

Este caso tornou-se público recentemente durante nossas eleições nacionais. Sinto que *deveria* estar bem mais envolvido em política, mas na maioria das vezes, não estou. Durante a última eleição presidencial, muitas pessoas debateram calorosamente os prós e contras de cada um dos candidatos. Achei fascinantes alguns aspectos dos candidatos, mas eu estava mais interessado em questões que me afetavam no meu dia-a-dia, como escrever este livro, vender meu veleiro para comprar um maior, promover uma festa para o meu grupo na empresa, etc.

Os sentimentos claramente nos distinguem um do outro. Eles ajudam a determinar como vou reagir diferente de você em determinado assunto. Eles são aspectos peculiares de nossa personalidade, que podem nos definir muito mais do que a cor do cabelo, a estatura ou a herança. Os problemas acontecem quando tentamos dizer aos outros o que eles *deveriam* sentir. Isso simplesmente não funciona e só serve para criar tensão no casamento.

Desejos

Precisamos ter responsabilidade por um outro aspecto-chave de nossa individualidade: nossos desejos. Cada um de nós quer especialmente coisas diferentes, e nós somos responsáveis por negociá-las em nosso casamento. Normalmente os desejos de uma pessoa nunca são inteiramente certos, e os de outra, inteiramente errados. Eles são apenas diferentes.

Kate e Gene, desde o início do capítulo, lutavam com a questão dos desejos. Kate foi enredada na briga entre suas filhas. Ela queria suporte emocional e a participação de Gene, mas ele não queria se ver envolvido na briga das filhas.

Eu tentei ajudar Kate a ver que o desejo de Gene de não se envolver era uma escolha dele – não necessariamente certa ou errada. Uma saída ideal para ela seria compartilhar seu desejo com ele, e os dois procurarem juntos uma solução para o problema. Infelizmente isso não aconteceu.

Limites em Relação ao que Posso Oferecer

Cada um de nós deve decidir o que pode e o que não pode oferecer. Também devemos determinar onde acaba essa concessão e começa o ressentimento. Praticamente todos nós ficamos ressentidos numa relação quando deixamos de nos sentir à vontade. Já não sentimos prazer nessa dedicação. Em vez disso, ficamos ressentidos.

Kate amadureceu sendo uma doadora. Ao analisar seu casamento, ela notou que Gene não era o único que estava exigindo dela. Ela descobriu que também esperava de si própria doar-se, independentemente de como se sentia. Kate percebeu que ele tinha aprendido a esperar muito dela e que ela havia reagido com bondade, em grande parte por causa do aprendizado desde a infância, o qual tinha consolidado este tipo de comportamento.

Cyntia também passou muitos anos sendo uma doadora. Ela se dedicou a satisfazer as necessidades do seu marido e de sua família. A única pessoa que ela negligenciou de cuidar foi ela mesma. Embora seja uma mulher forte, deixou de pôr limites no que ela poderia tolerar. Errou não levando em conta os efeitos que o comportamento de seu marido teriam sobre ela. Ingenuamente, ela achou que, se continuasse a doar-se, finalmente seria recompensada.

Alguns dizem que nós ensinamos às pessoas como nos tratar. Se nós as ensinarmos a respeitar nossos limites, elas sempre vão fazer isso. Se nós ensinarmos a elas que nossas cercas são feitas de papel e facilmente derrubadas, com certeza não vão levar a sério nossos limites. Somos responsáveis por ensinar às pessoas o que estamos dispostos a fazer e assim fazê-lo com o coração alegre (2 Co 9.7).

Restaurando Limites Danificados

O que devemos fazer se nossos limites foram danificados? O que deveríamos fazer se, em nosso casamento, temos lidado com alguém que tantas vezes invade nossos limites? Você pode se sentir tão frágil, tão desrespeitado que acaba ficando inseguro se sempre vai poder "consertar as cercas". Algum tempo atrás dei orientação a um homem de 35 anos, que estava bloqueado por sentimentos de rancor e amargura. A esposa de Jake, Colleen, saía várias noites com suas amigas, enquanto ele tomava conta de seus filhos adolescentes. Sentindo-se ameaçado e aborrecido, reagiu de maneira hostil e dominadora. Ele protestou com rigidez contra esta mudança repentina no comportamento dela, mas seus protestos só a fizeram ficar mais ausente. Jake admitiu que se sentia incapaz de mudar o comportamento dela. Ele me falou que tinha exigido que ela mudasse, mas isso os afastou ainda mais. Ela estava decidida a sair com suas amigas uma ou duas noites por semana, insistindo que não havia nada de errado com o que estava fazendo. Como as semanas viraram meses, e Jake sentiu o ardor e a confiança se esvaindo em seu casamento, ele procurou ajuda.

O comportamento de Colleen magoava Jake profundamente, e a reação dele aparentemente a magoava. Ele admitiu que tinha sido dominador, julgando seu comportamento e depreciando suas amigas. Agora ele podia perceber como esses procedimentos a enfureceram. Cada um estava se sentindo culpado por desrespeitar os limites do outro, quase arruinando seu casamento. Será que havia alguma esperança? – ele se perguntava.

Pedi que Jake me dissesse, objetivamente, o que Kolleen estava sentindo.

"Ultimamente ela tem me dito inúmeras vezes que está sentindo muita necessidade de companhia feminina. Ela sempre me diz que eu não tenho nenhuma razão para me sentir ameaçado e que ela não está fazendo nada para pôr em risco nosso casamento. Disse que trabalha demais e que precisa de tempo para tagarelar com as amigas e dar umas boas risadas. Ela deixa claro que odeia quando tento controlá-la, e que isso só aumenta a sua raiva."

Perguntei a Jake se ele era capaz de se lembrar de alguns exemplos de controle excessivo da parte dele em alguma época durante o seu casamento.

"Eu realmente não acho nenhum", respondeu. "Mas Colleen provavelmente não concorda. Admito que, às vezes, não tenho sido um bom ouvinte. Acho que é isso que ela busca em suas amigas."

O que aconteceu a Jake e Colleen é muito comum. Um dos cônjuges quer algo que o outro acha incômodo. Um faz tentativas inúteis de controlar o comportamento do outro. Embora isso sempre aconteça, quanto mais um tenta controlar o outro, mais aumenta esse comportamento indesejável.

Jake e eu avaliamos suas escolhas. Nós revimos cuidadosamente como ele tinha responsabilidade por seu comportamento isolado, não o de sua esposa. Analisamos a necessidade de Colleen de escapar das obrigações familiares, a casa e os filhos, para ficar com suas amigas. Analisamos como os outros têm limitações quanto ao que estão dispostos e são capazes de dar. Colleen certamente parecia querer pôr em ação suas convicções particulares sobre sua necessidade de passar um tempo com as amigas, e o comportamento de Jake só fez piorar as coisas. Jake sentiu que seus limites estavam sendo desrespeitados – tendo que cuidar das crianças enquanto ela saía com as amigas – mas ele precisa ter o cuidado de não desrespeitar os limites dela.

Através do aconselhamento, Jack conseguiu abrir mão de sua raiva, seu comportamento dominador e se aproximar de Colleen de modo mais amável e terno. Ele conseguiu gradativamente compartilhar seus sentimentos com ela, e ela agia do mesmo modo com ele. Jake conseguiu compreender que ela não estava, de maneira nenhuma, sendo infiel no casamento.

Eles concordaram em conversar com o pastor e objetivamente procurar meios de resolver suas diferenças. Conseguiram criar uma solução que desse resultado para os dois, evitando um desastre em seu casamento.

Guarde seu Coração

Jake e Colleen resolveram suas dificuldades. Ele diminuiu seu controle e suas críticas em relação a sua esposa, e começou a apoiar sua vontade de passar um tempo bem merecido com suas amigas. Conseqüentemente, Colleen reagiu a seu gesto, expressando um desejo de passar mais tempo com Jake. Eles aprenderam considerar os limites um do outro, respeitar suas diferenças e viver em harmonia. Mas, e se você for casado com alguém que não está respeitando seus limites? E se ele ou ela está sempre invadindo seus limites? Dr. Townsend e Dr. Cloud, em seu livro *Boundaries on Marriage* (Limites no Casamento), fazem esta advertência:

> Às vezes, um dos cônjuges, numa relação complicada, não quer mudar. Ele continua a fazer coisas prejudiciais. Ou, algumas vezes, um cônjuge pode ter traído a confiança ou tido uma aventura, e, mesmo estando arrependido, ainda não houve tempo suficiente para que ele pudesse provar sua lealdade. Nestas situações, confiar pode não ser prudente. Mas, é prudente continuar a interagir no relacionamento e resolver o problema.[3]

Townsend e Cloud apresentam uma série de situações em que esse conselho pode aplicar-se e dão sugestões sobre como você poderia reagir.

- "Eu o amo, mas não confio em você. Não posso me aproximar de você até resolvermos isto."
- "Quando você puder ser amável, podemos ficar juntos de novo."
- "Quando você demonstrar que realmente deseja alguma ajuda, vou me sentir segura para me abrir com você de novo."
- "Não posso compartilhar sentimentos profundos se você vai me punir por causa deles."

Essas palavras podem não soar bem para você ouvir ou partilhar com seu cônjuge. Não se engane – os limites têm vantagens para elas. Elas podem ser contundentes, mas definem quem somos nós, demonstram como nós somos diferentes dos outros e protegem o que está dentro desses limites. Temos um mandado para considerar nossos corpos e mentes como templos do Espírito Santo.

Townsend e Cloud observam que o processo de restauração pode exigir uma certa distância física entre você e uma outra pessoa. Eles nos afirmam que a distância pode trazer tempo para pensar, para curar e aprender coisas novas. Os casais às vezes precisam se separar um do outro porque a conversa se torna inflamada demais. Em casos de abuso emocional, uma separação pode ser essencial. Ou um dos cônjuges pode estar enfrentando um vício, e uma separação temporária torna-se necessária para tratamento.

Você precisa resguardar seu coração com um afastamento emocional ou mesmo físico, até que se sinta seguro de se aproximar. Contudo, uma palavra de advertência é oportuna. Precisamos sondar nossos corações para assegurar que nossos motivos são puros. "Corações impuros usam os limites para pôr em prática sentimentos tais como vingança e raiva. Porque nenhum de nós é puro, temos que sondar nossos motivos para criar limites, a fim de termos certeza de que eles estão a serviço do amor e não dos nossos motivos impuros."[4]

Um Trajeto de Amor

Com toda a nossa discussão sobre limites e sobre repor nossas "cercas de papel" com limites mais substanciais, não devemos esquecer a maior lei do amor. Mesmo com invasões dolorosas e pessoais aos nossos limites (que podem acontecer quando você se aproxima de outros), devemos entender que amor e perdão são importantes para qualquer relacionamento. De fato, para não colocar em risco o amor e o perdão, é preciso ter limites saudáveis.

Analise por um momento as pessoas que estão de tal maneira magoadas, que decidiram nunca mais se aproximar de ninguém. Quando nós ouvimos o tocante relato sobre a rejeição de Cyntia, não desejamos que ela encontre o amor novamente? Não fazemos uma profunda e solidária oração (intercessão) a Deus para que coloque a mão sobre sua vida e proporcione o bálsamo da cura? Quando imaginamos a luta interior de Kate, que consistia em trocar segurança por auto-estima, não temos o desejo de lhe dar o estímulo de amar-se a si mesma?

Quando conversamos sobre cercas e limites saudáveis, precisamos lembrar de que as cercas devem ser fortes, mas não inflexíveis. Firmes, mas não rígidas e impenetráveis. Precisamos deixar um espaço para que a vulnerabilidade tenha passagem. O amor não pode existir sem isso.

A meta para impor limites saudáveis é compartilhar nosso amor por outros numa posição de liberdade. Quando compreendemos quem somos e o que é importante para nós, e compreendemos que Deus nos ama, ficamos livres para nos entregarmos sem medo. Ficamos livres para não exigir nossa própria vontade, por mais contraditório que possa parecer inicialmente, em relação ao que dissemos neste capítulo. Seguros em nosso amor por Deus e por nós mesmos, e certos de que é saudável para nós e para nosso cônjuge, ficamos livres para nos entregar, revelar mais de nós aos outros.

Os doutores da lei se aproximaram de Jesus e perguntaram sobre o mandamento mais importante. Ele disse: "Amarás, pois, ao Senhor, teu Deus, de todo o teu coração, e de toda a tua alma, e de todo o teu entendimento, e de todas as tuas forças" (Mc 12.30).

Certamente, foi assim que Jesus viveu sua vida. Ele impôs limites saudáveis, dizendo **não** às vezes para coisas ruins e **sim** para as coisas boas. O Novo Testamento contém exemplos de Jesus dizendo **não** e afastando-se das multidões. Ele procurou privacidade para orar ao Senhor no Getsêmani. Deu autoridade aos discípulos para expulsar demônios e então lhes deu instruções claras para entrar numa casa. "Se a casa for digna, que a paz de vocês repouse sobre ela; se não for, que a paz retorne para vocês. Se alguém não os receber nem ouvir suas palavras, sacudam a poeira dos pés quando saírem daquela casa ou cidade" (Mt 10.13,14).

Jesus se sentia perfeitamente à vontade dizendo sim a situações e eventos. Um leproso veio a Jesus e perguntou se Ele queria curá-lo. "Quero" – disse Jesus (Mt 8.3). Ele estava disposto a curar o filho do centurião. Ele faz um pedido incomum à mulher samaritana, pedindo-lhe um pouco de água. Também escolheu fazer refeições com os cobradores de impostos, prostitutas e os excluídos, apesar da crítica dos doutores da lei. Várias vezes, nós vemos Jesus como alguém que vive perfeitamente à vontade em seu próprio papel. Ele é capaz de dizer sim e não.

Mas, com liberdade, Jesus escolheu negar a si mesmo e servir aos outros, não esperando nada em troca. Ele tinha perfeito domínio próprio e assim era livre para sacrificar suas próprias necessidades, às vezes, na suprema busca de amor. Com certeza, Jesus fez o supremo sacrifício de sua segurança e bem-estar para que pudesse nos conceder a dádiva da vida eterna. Ele pagou o mais alto preço, sacrificando-se para nos suprir com vida e amor. Que melhor exemplo para seguirmos!

Quanto você dedica ao seu casamento? Quanto você se esforça para conhecer as necessidades de seu cônjuge? Você tem mágoas que precisam ser curadas? Uma resposta honesta para essas perguntas pode colocá-lo no caminho mais amplo do amor incondicional.

Capítulo Nove

Pare de Usar essa Língua Indomada:

Deixe de Lado as Palavras Agressivas

Se a palavra tem o poder de nos revigorar e nos tornar livres,
ela também tem o poder de cegar, prender e destruir.
– Ralph Ellison

A catástrofe do Teatro Iroquois de 1903, o pior incêndio que Chicago experimentou, foi a tragédia que nunca deveria ter acontecido. Nessa desgraça na história da cidade, mais de seiscentas pessoas morreram. Corpos carbonizados eram amontoados atrás das portas de um teatro, fechadas desnecessariamente, porque a administração não tinha seguido a orientação dos bombeiros ou não havia guias práticos de emergência no local.

O escritor Anthony Hatch, em seu livro *Tinderbox: The Iroquois Disaster of 1903* (Isqueiro: A Tragédia de Iroquois de 1903), menciona que este era o teatro mais seguro na América por volta do século XX e competia com os da Europa. Evidentemente os gerentes examinaram a outra saída quando uma multidão acima da capacidade lotou o teatro naquela semana do Natal, há mais de cem anos. Um curto-circuito num projetor atrás do palco resultou na pior tragédia da história do teatro americano. Em menos de vinte minutos mais de seiscentas pessoas, a maior parte mulheres e crianças, morreram no incêndio. A equipe de resgate não teve tempo de reagir – salvar as vítimas indefesas do horrível inferno. Um relato da calamidade lembra que a multidão corria para as saídas como um fluxo de água que tenta forçar sua saída através de pequenas aberturas – e essas saídas estavam bloqueadas. As vítimas ficaram amontoadas a dez pés de altura atrás das portas trancadas. Elas não tinham meios de escapar. Aquele que as pessoas consideravam o teatro mais seguro era agora como um isqueiro – pronto para ser destruído pelo fogo com uma única fagulha.

Um incêndio é realmente terrível – pânico, asfixia e corpos mutilados. Até mesmo aqueles que sobrevivem ficam para sempre desfigurados. Embora saibamos que é preciso diminuir as tragédias – não importa o tipo – devemos aprender com exemplos como esse.

Como o disjuntor que funcionou mal na tragédia do Teatro Iroquois, a língua – quando é usada de maneira agressiva tem a capacidade de criar fagulhas que podem colocar um casamento em chamas. Uma relação pode ser prejudicada em poucos minutos pelo ataque incendiário da língua. E no isqueiro de uma relação "seca" uma fagulha pode arrasar completamente o vínculo entre marido e mulher.

Um Isqueiro

O isqueiro era uma invenção do começo da história do fogo. Era mais comumente um recipiente com pederneira, fuzil e iscas de palha ou cânhamo, usado para acender fogos. Isso caiu em desuso com a invenção dos fósforos.

A imagem é clara. Exatamente como Anthony Hatch comparou o teatro a um isqueiro, podemos retratar os casamentos de maneira semelhante. Assim como nos consideramos invulneráveis para devastações do incêndio em nossos lares, também queremos acreditar que os estragos da língua não podem colocar nossos casamentos em chamas. Isso simplesmente não é verdade.

O apóstolo Tiago comparou a língua com uma centelha dentro de um isqueiro. Examine o que ele diz sobre a língua e as palavras agressivas:

> Assim também a língua é um pequeno membro, e gloria-se de grandes coisas. Vede quão grande bosque um pequeno fogo incendeia. A língua também é um fogo; como mundo de iniqüidade, a língua está posta entre os nossos membros, e contamina todo o corpo, e inflama o curso da natureza, e é inflamada pelo inferno (Tg 3.5,6).

Tiago usa aqui uma linguagem figurada muito poderosa. Ele diz que a língua é um fogo – não que ela é *como* um fogo, mas que *é* um fogo. Ele também a classifica como um "mundo de iniqüidade". Essa potente e poderosa linguagem nos obriga a parar e considerar o que ele está dizendo. A língua é um fogo? A língua é um mundo de iniqüidade? A linguagem usada por ele é uma hipérbole? Acho que não.

Tiago prende nossa atenção comparando a língua ao nosso discurso – a um incêndio que está fora de controle. Ele diz que a fonte da maldade da língua é o próprio inferno; que Satanás pode usar a língua para dividir as pessoas e colocá-las umas contra as outras. Podemos negar isso, mas a experiência pessoal nos fala que suas palavras são verdadeiras. Temos visto pessoalmente o estrago que a língua pode fazer. Temos percebido com que rapidez as palavras inadequadas podem espalhar destruição como o incêndio no teatro, como uma fagulha colocando uma floresta em chamas. Nós sabemos que as palavras de Tiago são verdadeiras.

Brincando com Fogo

O fogo é um destes elementos que tanto é nosso amigo, mantendo-nos aquecidos e secos, ou nosso inimigo, causando um prejuízo incomparável. Da mesma forma, a língua tanto pode encorajar quanto destruir. Como disse Tiago: "Com ela bendizemos a Deus e Pai, e com ela amaldiçoamos os homens, feitos à semelhança de Deus" (Tg 3.9).

O fogo faz reacender a chama. Mas, talvez de maneira mais devastadora, ele consome o oxigênio de que precisamos para sobreviver, causando asfixia. Ele nos rouba a vida assim como a língua coloca uma chama fatal em nossos casamentos, roubando deles a vida.

Contudo, para que qualquer incêndio continue, é necessário combustível. Recebi uma lição clara sobre fogo e combustível num dia quente de verão, quando tinha mais ou menos dez anos de idade. Eu estava deitado na grama atrás da minha casa, com um grupo de colegas. Com talos de grama seca presos no canto da boca, estávamos contando histórias e nos divertindo. A vida não podia ser melhor.

Para alguém com dez anos, aqueles talos de grama funcionavam como cigarro escondido, e um de nós quis saber como seria "fumar" um talo daquela grama. Tudo isso parecia bem inocente. Nós pegamos do chão os nossos "cigarros" e continuamos a acendê-los. De repente, sem querer, uma fagulha caiu num feixe de grama seca, e depois num outro, e de repente estávamos diante de um inferno fora do nosso controle.

Compreendendo o grande perigo por causa do fogo, corremos para o meu pai. Três garotos gritando imediatamente chamaram a sua atenção. Formamos uma "corporação com baldes" e conseguimos conter o fogo. O próximo passo – e o mais importante – era explicar tudo isso ao meu pai, que estava furioso. Eu não sei o que nos assustava mais: o fogo se espalhando ou as faíscas vindas do meu pai!

Como você pode imaginar, um "sinto muito" não satisfez meu pai enfurecido. Ele tinha brigado conosco antes por outras "artes" irresponsáveis, e a traquinagem desse dia resultaria em ficar de castigo durante semanas. Nós tivemos que pedir desculpas a todo o destacamento interno do corpo de bombeiros e ouvir do comandante o mais longo "sermão" que se pode imaginar sobre segurança de incêndio.

Um casamento pode estar como palha seca, às vezes, pronto para incendiar com uma fagulha. Um período de seca ou conflito constante pode servir de palco para uma explosão de raiva com proporções extremas. Se nós pretendemos proteger os casamentos da língua ingovernável e o fogo que a acompanha, devemos manter cuidadosa vigilância tanto em relação à língua quanto ao combustível que alimenta o fogo.

Combustível para o Fogo

Karen e Douglas vieram me ver porque estavam tendo "problemas de comunicação" em seu casamento. Casados há apenas seis anos, já estavam pensando no divórcio. Karen era uma mulher atraente e animada. Tinha vinte e seis anos e trabalhava num banco. Seu marido, Douglas, também com vinte e seis anos, era um homem reservado e sisudo, e usava um terno. Trabalhava como corretor (de hipoteca) e tinha um aspecto firme. Ele não demonstrou bom humor durante nosso primeiro encontro.

Tanto Karen quanto Douglas tinham uma boa formação escolar e modos sofisticados de falar. Eles tinham claramente afiado esses modos um com o outro, usando-os como espadas num duelo. A brincadeira irritante começou desde o início de nossa sessão.

Karen escolheu sentar-se numa cadeira o mais longe possível de Douglas. Douglas olhou feroz para ela.

Eu perguntei a eles o que os tinha trazido à consulta.

– Não conseguimos concordar em nada. – Karen disse asperamente. – Quero que Douglas me ajude mais em casa com nossos filhinhos e ele acha que já faz o bastante. Ele diz que isso não é trabalho para ele.

– Ah, correto – Douglas disse com sarcasmo. – Eu disse que estaria disposto a ajudar mais no serviço da casa se você fosse prestativa com alguns dos serviços externos. Eu só quero que as coisas sejam bem equilibradas.

Os dois olharam um para o outro como se avaliassem um inimigo antes da batalha.

– Eu não acho mesmo que esta seja a questão. – Karen disse. – Eu acho que você é preguiçoso e não quer dar maior ajuda no serviço da casa. Seu pai nunca faz nada para sua mãe, e você espera que eu fique à sua disposição do mesmo modo. Estou farta disso. Você acha que é suficiente ir para o escritório, depois vir para casa mais tarde e brincar com as crianças por alguns minutos. Até minhas amigas acham que você faz muito pouco para me ajudar. Além disso, mantenho meu carro limpo e lubrificado. Eu não conto com sua ajuda para isso.

Douglas deu um risinho menosprezando as palavras de Karen.

– É um belo exagero me chamar de preguiçoso, já que trabalho sessenta horas por semana e trago para casa 75% do nosso orçamento. Eu não chamaria isso de preguiça. Você é a única que leva boa vida, que parece ter tempo de sobra para ficar com suas amigas falando da vida de todo mundo. Quarenta horas por semana e manter a casa arrumada? Isso não me parece tão difícil.

A tensão já estava tão palpável na sala que você podia cortá-la com uma faca. Eu queria saber o que tinha acontecido para criar tal hostilidade entre eles. Também gostaria de saber como eles conversavam entre si dentro de casa, se estavam sendo tão violentos um com o outro na presença de um estranho.

– Amigos, quero mudar de tática com vocês por poucos minutos. Percebo muita raiva no ar, e vocês estão se atacando verbalmente. Com a devida permissão, gostaria de conhecer a história da relação de vocês. Especificamente, quero examinar quando começaram a falar um com o outro da maneira como estão falando hoje.

Mesmo relutantes, concordaram em gastar algum tempo discutindo a história do seu casamento. Descobrimos que eles não estavam preocupados com o jeito como conversavam um com o outro desde os primeiros tempos de seu casamento. Estavam acostumados a compartilhar seus sentimentos agressivamente quando magoados um com o outro. Mesmo quando estavam expondo sua história, sentiam-se tentados a dizer algo sarcástico, picante para o parceiro a cada pausa na conversa. Eles viviam num isqueiro com todos os elementos necessários para abastecer os mais destrutivos incêndios conjugais.

Veja se algum destes "combustíveis para o incêndio" acontecem em seu relacionamento.

Primeiro, *quando as pessoas se agridem mutuamente, quase sempre estão se sentindo magoadas consigo mesmas.* Isso certamente estava acontecendo com Karen e Douglas. Cada um admitia que se sentia magoado pelas palavras do outro e atacavam em retaliação. A cura só ocorreria quando admitissem suas próprias mágoas e descobrir outros meios de expressar sua dor.

A raiva é uma emoção secundária. Faça uma análise, examinando seu casamento para ver se sua raiva pode ser uma boa camuflagem para uma ou mais emoções neste grupo. Juntas, elas são conhecidas como CIMT:

- *Culpa* – a raiva quase sempre encobre sentimentos de culpa não confessada. Karen pode estar se sentindo culpada por não arranjar mais tempo para estar com seus filhos.
- *Inferioridade* – a ira quase sempre encobre sentimentos de insegurança e de inferioridade. Douglas pode ter sentido que ele não era um pai tão eficiente como deveria, e as agressões de Karen ameaçavam sua frágil auto-estima.
- *Medo* – este é um sentimento difícil de expressar. Tanto Karen quanto Douglas podem ter se sentido amedrontados a respeito de seu casamento tão descontrolado.
- *Trauma* – Conflitos podem despertar novamente traumas anteriores em sua vida, criando hiper-sensibilidade a uma questão. Essa questão deve ter se intensificado na relação de Karen e Douglas, por causa de conflitos passados em sua família de origem.

Segundo, *os cônjuges podem se sentir menosprezados no casamento.* Douglas e Karen revelaram que o emprego dos dois, assim como o desejo de melhorarem em suas profissões, prejudicou seu relacionamento. Eles estavam gastando muito menos tempo procurando valorizar um ao outro do que gastaram na primeira fase do seu namoro e casamento. Eles revelaram que sua vida agora consistia em cuidar dos detalhes da administração de sua casa e família. Via de regra, eles não separavam mais tempo um para o outro. Raramente havia espaço para aquela noite especial fora de casa ou mesmo uma conversa calma. Quase toda noite, eles simplesmente corriam os olhos numas poucas páginas do jornal antes de ir para a cama e apagar a luz.

Terceiro, *os casais quase sempre bloqueiam seu sofrimento.* Karen e Douglas não tinham descoberto um meio de conversar abertamente e adequadamente sobre suas frustrações. Então, eles escondiam sua raiva e ressentimento. Sepultavam suas mágoas para depois vê-las vir à tona em situações que não constituíam o verdadeiro problema.

Finalmente, *conversar um com o outro usando uma língua afiada torna-se lugar comum.* Sem um nível de consciência crítica, o sarcasmo sem limite pode instalar-se no casamento e se tornar parte de cada conversa. Karen justificava falar com Douglas desse modo por causa da mágoa que sentia e porque ele falava com ela dessa maneira – e vice-versa. Eles ficaram um tanto cauterizados com a linguagem crítica e agressiva que estavam usando.

Karen e Douglas tinham grandes problemas. Os problemas que eles mencionaram não foram tantos, mas a maneira como falavam um com outro estava incendiando seu casamento.

Resolver a função das controvérsias num casamento não é o grande problema. Mas quando os cônjuges ferem os sentimentos um do outro e não tratam as questões adequadamente, eles geram combustível para o fogo. E o incêndio no casamento deles tinha consumido quase todo o oxigênio. O relacionamento deles estava sufocado.

Em conseqüência disso, estavam pretendendo acabar com o casamento a fim de conseguir um meio de respirar, coisa que eles necessitavam desesperadamente. Porém, desistir do casamento não acabaria com seu sofrimento. Eles simplesmente levariam seus hábitos destrutivos de comunicação para os próximos relacionamentos.

A Língua Indomada

Podemos facilmente criticar Karen e Douglas por usarem sua língua indomada como arma. Eles podem até apresentar justificativas para os mísseis verbais que lançam um para o outro, mas as agressões só servem para prejudicar a integridade do seu casamento. As granadas vocais não fazem absolutamente nada para sarar seu relacionamento rompido ou para trazer respostas para suas desavenças.

Clifton Fadiman, em *The Litlle, Brown Book of Anecdotes* (O Livrinho de Histórias das Anedotas Marrom), compartilha a história do secretário de Guerra de Abraham Lincoln, Edwin Stanton, que aparentemente tinha algum problema com um proeminente general que, com insultos, o acusava de favoritismo. Stanton queixou-se com o presidente, que sugeriu que ele escrevesse uma carta bem desaforada. Stanton fez assim e mostrou a Lincoln a carta, redigida com tanta firmeza, e ele aplaudiu sua linguagem tão forte.

– O que você vai fazer com isso? – ele perguntou.

Stanton estava surpreso.

– Enviá-la. – ele disse.

Lincoln sacudiu a cabeça. Ele lembrou que poderia ser imprudência mandar a carta.

– Você não pretende mandar aquela carta. – ele disse.

– Coloque-a no fogareiro. Isso é o que eu faço quando escrevo uma carta na hora da raiva. É uma ótima carta; você passou um bom tempo escrevendo-a e, com isso, se sente melhor. Agora, queime-a e escreva uma outra.[1]

Quem entre nós nunca se sentiu como Stanton depois de sofrer uma injúria? Nós queremos extravasar nossos sentimentos, sem cortes, para nos livrarmos do veneno que estamos mantendo dentro de nós. Nós queremos agredir. Queremos que os outros fiquem feridos da mesma maneira como nós estamos. Como Lincoln sabiamente diz, esse não é o melhor método de ação. Ele só causa mais problemas em longo prazo. Ele Espalha uma chama na grama seca, causando um incêndio de grandes proporções, que nós não podemos conter com facilidade.

As Escrituras estão cheias de exemplos de problemas originados da língua sem freio. Muito da história do evangelho é colocada no contexto dos relacionamentos, de modo que não deveríamos ficar surpresos sobre a quantidade de conselhos que a Bíblia nos dá quanto ao modo como falamos um com o outro. Veja estas advertências sobre nosso modo de falar:

- Porque ainda sois carnais, pois, havendo entre vós inveja, contendas e dissensões, não sois, porventura carnais? (1 Co 3.3)
- [Procurem] guardar a unidade do Espírito pelo vínculo da paz (Ef 4.3).
- Mas agora, despojai-vos também de tudo: da ira, da cólera, da malícia, da maledicência, das palavras torpes de vossa boca (Cl 3.8).

Vamos considerar alguns exemplos a mais sobre a língua indomada.

Intriga

Sabemos que não devemos fazer intrigas sobre os outros; no entanto, parece que temos uma necessidade insaciável de fazer isso de qualquer maneira. Chegue perto de qualquer bebedouro de escritório e você certamente vai ouvir bastante sobre a vida alheia.

Recentemente me surpreendi falando sobre uma outra pessoa de maneira desonrosa. Uma colega agiu de um modo pouco profissional em relação a mim; então, senti-me justificado criticando-a. Porque eu estava inseguro e um tanto amedrontado, encobri meu sofrimento demonstrando sentimentos de indignação justa. Dei vazão à minha ira com palavras que rebaixavam o seu caráter. Uma outra colega foi minha ouvinte, e, por um momento, nada parecia errado com minha conduta. Mas, mesmo enquanto eu estava fazendo a intriga, o Espírito Santo sussurrou para mim que não ganharia nada me gabando e humilhando a colega. Senti-me envergonhado de meus atos.

Menosprezando os outros

Quando sinto-me ferido e inseguro, me apresso em querer menosprezar meu agressor. Embora meu lado mais maduro diga: *não faça isso*, o lado imaturo, que foi magoado, diz: *Vá atrás dele. Fira-o onde ele o fere.* Nesses momentos tento valorizar minha mágoa, mas levar em conta minha tentação de dar o troco ferindo os outros. Lembro a mim mesmo que o que eu quero realmente não é dissensão nos relacionamentos; o que quero é paz.

Quando você se envolve com outras pessoas numa conversa, pode observar o que tenho observado: parecemos ter uma necessidade enorme de menosprezar as pessoas. Criticar as razões e comportamentos delas é fácil. Parecemos sempre prontos a julgar as razões dos amigos, dos membros da família, cônjuges, colaboradores e desconhecidos, sem sequer lhes dar uma chance. Mas se nós verdadeiramente compreendermos os outros, não teremos necessidade de menosprezá-los, pois vamos entender por que eles fazem o que fazem.

O apóstolo Tiago tem palavras mais valiosas, desta vez sobre contenda. Ele nos lembra que nossos ataques sobre os outros quase nunca têm causa lógica. Tiago pergunta: "De onde vêm as guerras e pelejas entre vós? Porventura não vêm disto, a saber, dos vossos deleites, que nos vossos membros guerreiam? Cobiçais, e nada tendes; matais, e sois invejosos, e nada podeis alcançar; combateis e guerreais, e nada tendes, porque não pedis" (Tg 4.1,2).

Ai!

As palavras de Tiago nos atingem em cheio. Ele diz que as contendas não vêm de fora – como resultado da ação de outras pessoas sobre nós – mas de dentro, como resultado de nossos próprios desejos belicosos.

Gostaria de contestar as palavras de Tiago: "Mas, Tiago," – eu gostaria de dizer, você não conhece esta colega sobre quem eu estava me queixando antes. Como você pode afirmar que a contenda vem por causa das minhas razões, meu desejo de ter alguma coisa que eu não tenho? Você não sabe o que ela me fez. Você está sendo injusto.

Assim como por uma lei da natureza humana, nos sentimos compelidos a torcer a verdade para nos sentirmos melhor. Queremos também manipular as coisas de modo que tenhamos a mais alta probabilidade de conseguir o que desejamos.

Vanglória

As Escrituras nos advertem sobre a vanglória. O apóstolo Paulo diz: "Porque pela graça que me é dada, digo a cada um dentre vós que não pense de si mesmo além do que convém; antes, pense com moderação, conforme a medida da fé que Deus repartiu a cada um" (Rm 12.3).

Enquanto ouvia Karen e Douglas, eu estava pasmo pela atitude pretensiosa que enchia a sala. Você quase podia ver o ar rarefeito que os cercava. Narizes empinados, cabeças erguidas levemente para o lado, gestos faciais aumentando a importância deles.

Sem dúvida, eu estou sendo sarcástico. Estou censurando Karen e Douglas e a mim também sobre o quanto nos vangloriamos. Quão facilmente assimilamos esta mentalidade arrogante! Você quase podia ouvir os pensamentos de Karen e de Douglas:

- Eu sei precisamente o que está acontecendo aqui.
- Eu sei como resolver esta questão.
- Eu estou certo e você está errado.
- Eu não tenho feito nada digno de crítica.

Como compartilhei num capítulo anterior: "Pare de Fazer o Papel de Deus", esse tipo de atitude inevitavelmente gera divisão. Ele favorece uma mentalidade de "eu *versus* você". Essa tendência não leva à solução dos problemas. Ela simplesmente abre espaço para que a língua indomada faça seu trabalho.

Boato

Boato é uma coisa muito comum. Não é propriamente como uma mentira, que encobre as coisas para ficarmos numa situação mais privilegiada.

Durante nossas últimas eleições nacionais ouvi os debates de rádio. Estava intrigado pela maneira como o exército, tanto os liberais como os conservadores, colocavam uma história negativa influenciada sobre tudo a respeito de seus opositores. Os partidários do Senador Kerry acusaram o Presidente Bush de entrar no Iraque só para se promover politicamente, promovendo a maior parte da guerra para ajudá-lo a se reeleger. Partidários do Presidente Bush acusaram o senador Kerry de ser um traidor, com uma péssima equipe e incapaz de liderar nosso país em tempo de guerra. Ambas as posições eram exageradas e manipuladoras. Isso é semelhante ao conceito de *polarização* sobre a qual eu falei anteriormente no livro.

Quando aborrecidos com nosso cônjuge, somos tentados a aproveitar o que eles estão falando e distorcer a fim de levarmos vantagem. Agimos como o candidato ou o assessor de imagem que tenta desmoralizar o outro lado.

Somos tentados a distorcer as questões no casamento, talvez para dar ênfase ao que nossos parceiros fazem, sem reconhecermos nossas próprias fraquezas. Ou talvez deixemos de fornecer o contexto no qual nossos cônjuges fazem alguma coisa, permitindo, desse modo, que suas ações pareçam piores do que elas realmente são.

Exagero

O exagero é como o boato. Aqui os culpados tomam a essência da verdade e a aumentam para seu próprio benefício. Vamos examinar como Karen e Douglas usavam esta técnica. Ouvindo Karen falar, você acharia que Douglas não fazia nada na casa para ajudar a família. Ouvindo Douglas, você pensaria que Karen tinha uma vida folgada. Obviamente, os dois pontos de vista são exageros da verdade.

O que faz o exagero ainda mais implacável num casamento é o impacto que ele tem sobre a outra pessoa. Quando alguém exagera um mau procedimento, a outra pessoa geralmente se põe na defensiva. A confiança é abalada e a ponte relacional é prejudicada. A ponte deve ser restaurada antes que a intimidade seja restabelecida.

Queixas

Aqueles que gostam de se lamentar sempre acreditam que são os únicos a terem um tratamento injusto e cruel, que todas as cartas estão contra eles. Nesta versão da língua indomada, vemos o murmurador fazendo papel de vítima.

Recentemente, um homem de quarenta anos, enfurecido, veio se consultar. Ele queixou-se de infelicidade em seu casamento e queria saber se deveria continuar com aquela situação praticamente sem esperança ou acabar com seu casamento. Ele afirmou que sua esposa de vinte anos de casamento parou de lhe demonstrar qualquer afeto. Ele se queixou com amargura sobre a falta de afeto da esposa na cama. De acordo com ele, ela trabalhava muito em seu emprego, cuidava de seus três filhos e administrava muito bem a casa, mas não dava nenhuma demonstração de afeto, a menos que ele reclamasse veementemente sobre isso. E então ela se tornava uma participante totalmente resistente.

Quando perguntei-lhe sobre sua participação em tudo isso, ele ficou intrigado. Negou que fizesse alguma coisa que pudesse fazê-la repudiá-lo. De fato, ele disse que era praticamente o marido-modelo. Ele vinha logo para casa depois do trabalho, se oferecia para ajudar a fazer a comida e a limpeza, e, ajudava com relação às crianças. Ele não tinha idéia de como poderia estar contribuindo para esse problema.

Embora nosso amigo possa ser realmente a vítima das circunstâncias lamentáveis, minha experiência me diz que ele está ocultando uma importante peça do quebra-cabeça. Desconfio que sua esposa tenha uma outra versão para a história e que nosso amigo não seja tão prestativo ou estimulador como se apresenta. Eu o incentivei a voltar para sua esposa e tentar descobrir o que ele estava disposto a aceitar e o que poderia fazer para aumentar o nível de afeto no seu relacionamento. Se ele está sendo sincero em seus esforços, espero resultados positivos.

Mentira

Provavelmente nada é tão destrutivo para um casamento quanto a desonestidade. A mentira pode abrir feridas numa relação. Essas feridas são extremamente difíceis de curar.

Podemos ser desonestos com coisas banais – a quantia em dinheiro que gastamos em nossa última compra – ou coisas grandes – onde passamos a noite quando não viemos para casa. Qualquer tipo de desonestidade vai acrescentar aspereza em seu casamento.

A confiança perdida é difícil de ser restaurada quando ocorrem exemplos maiores de desonestidade – como a infidelidade em seu casamento. Estes rombos quase sempre requerem uma ajuda profissional para serem curados.

Por que a desonestidade é como uma questão desmedida? Porque ela corrói o alicerce da segurança que devemos ter se pretendemos correr o risco de nos aproximar de alguém. Se não podemos confiar em nosso cônjuge, é pouco provável que arrisquemos tornar vulneráveis nossos mais profundos sentimentos. Um casamento sadio precisa de confiança e segurança para ser bem-sucedido.

Domando a Língua

Você pode usar a língua tanto para amaldiçoar quanto para abençoar, e, felizmente, pode escolher domar a língua e usá-la para abençoar seu cônjuge. A decisão é sua.

O que aconteceria em seu casamento se você decidisse deixar de lado a ira, as queixas, as críticas e a manipulação? E se você decidisse fazer de Efésios 4.29 a sua meta? "Não saia da vossa boca nenhuma palavra torpe, mas só a que for boa para promover a edificação, para que dê graça aos que a ouvem."

Uau! Nada de coisas nocivas. Só conversa que edifica os outros. Conversa que possa descobrir suas necessidades naquele momento.

Para uma conversa proveitosa, você precisa estar sintonizado com as necessidades do seu cônjuge. Comece pedindo força a Deus para pôr de lado sua mágoa e permitindo que Ele "fortaleça você no íntimo do seu ser, com seu poder" (Ef 3.16). Se fizermos nosso dever de casa, usaremos o tempo para ouvir realmente nossos cônjuges de tal maneira que estaremos conscientes do que eles precisam:

- uma palavra de incentivo
- uma palavra de desafio
- uma palavra de solidariedade
- uma palavra de empatia
- uma palavra de interesse

Dar uma palavra de acordo com as necessidades do seu cônjuge vai criar uma intimidade verdadeira. Esse tipo de comunicação o surpreenderá com seus incríveis benefícios.

Antídoto para o Desprezo

Você se pergunta: *Mas, e se nosso casamento estiver tão cheio de desprezo e raiva para fazermos isso?* John Gottman escreveu amplamente sobre questões pertinentes à língua indomada. Neste livro, *Os Sete Princípios para Fazer o Casamento Dar Certo*, ele fala sobre a raiva, que considera como sendo a assassina dos casamentos, e mostra a cura possível.

Gottman crê que, se seu relacionamento é frustrado por falta de ternura e admiração mútua, seu casamento está em apuros. O desprezo – que é um associado da língua indomada, ferina – significa que a ternura e a admiração se dissiparam. Mas Gottman nos lembra que a esperança ainda está viva. Ele sugere o seguinte antídoto: "Simplesmente lembrando-se das qualidades positivas de seu cônjuge – ainda que vocês ataquem os defeitos um do outro – você pode evitar que um casamento feliz se degenere. A simples razão é que ternura e admiração são antídotos para o desprezo".[2]

Por intermédio do aconselhamento, Karen e Douglas ficaram cientes do prejuízo que suas palavras agressivas podiam causar. Embora sua raiva levasse tempo para se dissipar, eles aprenderam a arte de "conter um conflito" – deixando de lado suas palavras agressivas para declarar a intensidade e as qualidades que no início os atraíram um para o outro. Logo eles descobriram que o humor em seu casamento estava começando a mudar, algo que tenho visto acontecer muitas vezes.

Uma vez que a raiva deles tinha se dissipado, eles concordaram que não havia lugar para palavras vagas em seu casamento. Logo, mudaram o humor e se tornaram leves. Agora estavam preparados para começar a tratar um ao outro com amabilidade e respeito. Eles descobriram que realmente ainda se importavam um com o outro e começaram planejando uma série de saídas especiais para comemorar seu novo relacionamento. Eles prometeram nunca mais falar um com o outro de maneira depreciativa. Karen e Douglas demonstraram que, quando os casais "plantam sementes e arrancam as ervas daninhas", eles podem esperar uma rica colheita na sua relação.

Começando Vida Nova

Quando os destroços emocionais põem em desordem seu casamento, e suas línguas indomadas travam guerra um com o outro, talvez vocês precisem apagar os erros do passado. Para fazer isto, você pode começar com o que eu chamo de "tentar de novo". Sabendo como sou, no meio de uma luta prolongada, direi: "Isso não vai muito bem. Que tal nós recomeçarmos?"

Com um pouco de treinamento, seu cônjuge também pode perceber a destruição verbal latente e, voluntariamente, dar um basta no conflito. Então, você retoma a conversa, agora de uma perspectiva melhor.

Talvez você esteja enfrentando um casamento em que os sentimentos estejam feridos e as palavras agressivas estejam fluindo com muita freqüência. Talvez você tenha que "passar uma esponja" maior, mais abrangente. Isso significa sentar-se com seu cônjuge e fazer um acordo deixando para trás o passado, parar de reter os rancores guardados e começar de novo.

Sim, temos o direito de manter nossa má vontade. Mas sabemos que essa má vontade não nos leva a lugar nenhum.

Drs. Les e Leslie Parrot, em seu livro *Quando Coisas Ruins Acontecem a Bons Casamentos*, lembram-nos do que nós já sabemos, mas precisamos ouvir novamente. "A omissão de dar e receber perdão provavelmente é responsável por quase todo casamento que não dura... Transmitir raiva contra o nosso cônjuge traz mais prejuízo para nós do que para ele.[3]

Por mais difícil que seja perdoar, precisamos fazer isso, se quisermos um casamento saudável. Se não resolvermos o ressentimento no nosso íntimo, estamos sujeitos a liberar peçonha verbal a qualquer momento.

Bem-Aventurados os Pobres de Espírito

Domar a língua inclui freá-la em momentos críticos e permitir que Deus faça também uma cirurgia no coração. De fato, Jesus fala muito sobre o estado do coração quando ele se refere aos nossos atos. Ambos precisam de nossa atenção, mas uma mudança autêntica requer um coração mudado.

Se queremos experimentar mudanças radicais em nossos corações, o melhor lugar para encontrarmos instruções é o Sermão do Montanha. O maior sermão de Jesus é repleto de advertências neste assunto.

Analise a primeira bem-aventurança em nossa busca pela língua domada. O que aconteceria ao nosso discurso no casamento se tivéssemos que buscar, de forma convicta, sermos pobres de espírito?

Conforme diz a primeira bem-aventurança: "Bem-aventurados os pobres de espírito, porque deles é o reino dos céus" (Mt 5.3). O que Jesus quer dizer quando Ele nos convida a sermos pobres de espírito? Emmett Fox, em seu clássico O Sermão da Montanha, diz isto:

> Ser pobre de espírito significa esvaziar-se de todo o desejo de exercer vontade própria, e, o que é igualmente importante, ter renunciado a todas as opiniões pré-concebidas na busca sincera por Deus. Isso significa abandonar seu atual modo de pensar, seu modo de vida, se necessário; lançar fora, de fato, toda e qualquer coisa que possa se colocar no caminho do seu encontro com Deus.[4]

A terceira bem-aventurança é também extremamente útil para nós quando procuramos ter domínio sobre a nossa língua. "Bem-aventurados os mansos, porque eles herdarão a terra" (Mt 5.5) Essa passagem fala acerca da sede de poder, que é um dos responsáveis mais prováveis de manejar a represália da língua indomada. O desejo de fazermos o que queremos, de explicarmos nossa idéia, deixarmos algumas coisas acontecerem a nosso favor é uma causa fundamental da língua afiada e indomada. Aqueles que procuram mansidão descobrirão a diferença entre fazer valer suas opiniões – nos momentos certos e pelas razões certas – e fazer valer sua vontade em benefício do próprio poder.

Talvez a bem-aventurança que apresente o maior tratamento para domar a língua seja aquela que apresente exatamente o contrário da violência – a paz. "Bem-aventurados os pacificadores, porque eles serão chamados filhos de Deus" (Mt 5.9). De acordo com a mensagem do evangelho e muitas das cartas do apóstolo Paulo, a paz é, sem dúvida, um dos mais maravilhosos frutos do Espírito. Mas a paz não pode coexistir com a língua indomada.

Enquanto você ouve outras pessoas em sua caminhada pelo mundo, desafio você a prestar atenção à linguagem das pessoas – tanto as palavras como o tom. Tenho a impressão de que você vai achar, como eu também, que muita falação só serve para causar conflito e caos. No casamento, o modo de falar é sempre responsável por criar distância e sentimentos desagradáveis. Muito raramente eu ouço palavras suaves, palavras amáveis, palavras de incentivo. No entanto, isso é exatamente o que o Sermão da Montanha pede de nós.

Aí estão elas. As verdades preciosas que virão nos libertar da dependência da obstinação, presunção, vanglória. Se, pelo poder do Espírito Santo, podemos nos libertar da repressão do todo-poderoso ego, talvez possamos realmente controlar a língua e, então, com um espírito mais brando, aprendamos que dar é melhor que receber e que amar os outros é muito mais gratificante do que fazer prevalecer nossa vontade. Jesus, com certeza, é nosso exemplo maior de altruísmo e abnegação. Numa das mais incríveis passagens da Escritura, aprendemos sobre como Jesus se preparou para esvaziar-se de si mesmo. Lemos na carta aos Filipenses que Ele "mas aniquilou-se a si mesmo, tomando a forma de servo, fazendo-se semelhante aos homens; e, achado na forma de homem, humilhou-se a si mesmo, sendo obediente até à morte e morte de cruz" (Fp 2.7,8).

Lembro-me de uma canção a qual aprendi quando criança, e que ainda me traz lágrimas aos olhos. A canção dizia, em essência, que Jesus caminhava espontaneamente para a cruz – açoitado, castigado e ridicularizado – quando Ele podia ter chamado milhares de anjos para libertá-lo. Ele podia ter acenado para alguém, e, num instante, evocado centenas de milhares de tropas para prender aqueles que o capturaram e completar seu triunfo. Jesus podia ter cuspido neles e rido de seus atos vergonhosos. Mas Ele não o fez. Ele não o faria. Não estava no coração dEle agir da maneira como nós agimos com tanta freqüência. Em resumo, devemos compreender que ser manso de espírito era uma virtude de Jesus. Esse é o único método real para refrear a língua. Não se engane: isso não é opcional, caso você deseje ter um casamento sadio ou um relacionamento sadio de qualquer espécie.

Se você praticar os princípios deste capítulo, inclusive procurar um espírito de humildade, colherá grandes recompensas em seu casamento. E também herdará o Reino do Céu!

Capítulo Dez

Pare de se Manter Distante:

Ouse Aproximar-se

Um coração amável é a mais verdadeira sabedoria.
– Charles Dickens

Viajar pela cidade metropolitana de Seattle é um desafio incrível. Numa viagem recente, eu esperava fugir da aglomeração do tráfego, saindo um pouco mais cedo. Não dá para escapar da multidão.

Quando eu cuidadosamente tentei manobrar através da trilha interminável de carros, respirando fundo para permanecer calmo, refleti sobre o congestionamento. Várias ruelas ficaram abarrotadas de carros; quase todas as pessoas estavam viajando sozinhas, mudando como frenéticos alces de um pasto para outro.

Imaginei as horas que essas pessoas da cidade gastavam no trânsito a cada ano, praticamente esbarrando uns nos outros – ainda que sem trocar uma palavra. Imaginei uns sentados em silêncio enquanto outros martelavam música em seus ouvidos.

Ansioso por uma oportunidade de aumentar meu passo de tartaruga, dei uma olhadinha invejosa para a faixa seletiva de transporte solidário – polvilhada com apenas alguns poucos carros. Não havia ônibus à vista. Eu gostaria de saber por que as pessoas queriam tanto viajar sozinhas em vez de fazer transporte solidário. Por que mais pessoas não usavam o transporte de massa? Pessoas ocupadas, compartilhando a mesma experiência, estavam a quilômetros de distância umas das outras.

Olhando de relance para os dois lados da interestadual, vi fileiras de conjuntos habitacionais sendo construídos. Alguns estavam já bem encaminhados. Outros pareciam ter surgido do nada desde a minha última visita.

Eu não sou um fanático por conjuntos habitacionais. Quando eu morava neles, achava que poderiam ser um modo perfeito de criar um senso de comunidade, mantendo a individualidade. Mas esse não era realmente o caso. De fato, no conjunto habitacional onde minha família morava, não sabíamos o primeiro nome dos vizinhos mais próximos. Eu acenava para eles a cada dia do ano, embora nunca arranjasse tempo para conhecê-los. Boas intenções nunca realizam o trabalho. Mesmo morando tão próximos, estávamos praticamente isolados uns dos outros.

Auto-estradas e conjuntos habitacionais ilustram como nós lidamos com laços de afeição e intimidade. As pessoas em nossa sociedade têm um senso cada vez maior de nosso distanciamento uns dos outros. Sabemos que estamos à beira de um grave problema de isolamento e solidão. Cada vez ficamos mais e mais conscientes de que estamos passando pela vida num ritmo frenético, reduzindo a velocidade apenas por ocasião de eventuais paradas nos Starbucks da vizinhança para nossa dose diária de cafeína e contato humano.

Quando segurei com firmeza a direção do volante do meu carro, dirigindo sozinho espremido entre os outros carros, lembrei-me de que este problema na sociedade é também um problema profundamente pessoal para muitas pessoas.

Lembrei de uma conversa telefônica que tive com uma senhora chamada Trudy.

Distância

Ao promover meu livro, *(Seu Marido Tem Depressão?)* em um desses típicos programas de rádio. De minha casa em Kansas City eu falava com o apresentador, comentando como os homens deprimidos se isolam por causa de sua doença. Embora o foco estivesse sobre os homens, também discutimos sobre como a depressão nos homens afeta as esposas.

Trudy era corajosa. Ela se atreveu a telefonar e compartilhar seu sofrimento. Em poucos minutos aprendemos muito sobre ela. Talvez no anonimato do rádio, ela tenha se sentido à vontade para nos dar uma idéia rápida sobre sua vida.

– Meu marido e eu temos vidas separadas – disse ela. – Sinto-me perdida, paralisada. Nós jantamos em frente à televisão porque não sabemos o que dizer um ao outro. Quando termina o jantar, ele vai para o seu gabinete para trabalhar. Eu vejo um outro programa de televisão e ouço quando ele vai para a cama sem dizer boa noite. Fico com receio de ir para a cama com ele, porque talvez ele queira intimidades, e eu não posso pensar nisso justo agora em nosso relacionamento. Nós apenas vamos à igreja juntos, mas eu não tenho idéia do que ele pensa sobre Deus. Tampouco compartilhamos qualquer coisa espiritual. Não me sinto nem um pouco próxima a ele, fisica ou emocionalmente.

– Há quanto tempo as coisas estão desse jeito, Trudy? – perguntei.

– Há anos. Nós não brigamos. Também não compartilhamos nada da nossa vida emocional. Nós realmente não conversamos – não em profundidade, afinal – estou mortificada por isso.

– Você já disse a ele que gostaria que as coisas melhorassem?

– Sim, mas quando digo a ele que temos que fazer mudanças, ele diz apenas: "Não sei o que fazer". O problema é que tampouco eu sei o que fazer.

– Você parece muito solitária, Trudy.

– Estou morrendo de solidão. É espantoso que passamos tanto tempo juntos e ainda ficamos como completos estranhos. Eu gostaria de saber o que há de errado conosco.

Houve um breve silêncio. Senti tristeza por Trudy. Eu podia ouvir e sentir seu sofrimento. Eu me perguntava quantos outros ouvintes estavam como estranhos para com seus próprios cônjuges? Quantos casais levavam vidas vazias, solitárias como a de Trudy? Quantos se sentiam impotentes para fazer mudanças que poderiam fortalecer seus casamentos?

– Trudy, eu tenho notícias ruins e notícias boas. Primeiro as ruins. Você se parece com muitas outras a quem aconselho que se esquecem como é importante alimentar seu casamento. Elas têm se tornado indiferentes à situação de maneira muito sutil, achando que o relacionamento simplesmente vai sobreviver por conta própria. Mas, com muita freqüência, descobrem que não é o caso.

Deixei as palavras serem absorvidas. Visualizei uma mulher segurando o aparelho de telefone, com medo de verbalizar sua terrível verdade – e nosso próximo erro crítico – *distância no casamento.*

– Agora, você está preparada para algumas notícias boas? – pergunteilhe claramente.

– Com certeza – ela disse em meio às lágrimas. – Precisamos de ajuda.

– Sim, vocês precisam, Trudy. E a ajuda é viável. Suponho que seu marido esteja se sentindo tão sozinho e assustado quanto você. Como você, ele não sabe o que fazer para trazer de volta o entusiasmo ao seu casamento. Mas estou certo de que ele poderia seguir sua orientação se você lhe desse algumas idéias. A boa notícia é que os casamentos podem ser revigorados. Você pode dar nova vida a um relacionamento sem motivação. A esperança é perfeitamente viável para a sua situação. Mas primeiro preciso saber se você quer entrar em acordo com ele para iniciarem o aconselhamento e buscar idéias que tragam de volta a alegria.

– Sim – disse ela.

– Vamos dar alguns números de telefone que vocês podem procurar para receber ajuda. Continue com esperança, Trudy. Não desista. Mesmo depois de atender a outras ligações, não pude parar de pensar em Trudy e seu marido. Não conseguia me livrar da própria tristeza que sentia por ela. Trudy me sensibilizou, e por vários dias pensei em nossa conversa.

Conforme essa mulher, tenho deixado que a frieza se instale de mansinho em muitos relacionamentos importantes. Como resultado, estou enfrentando duras verdades e tomando medidas para melhorar. Descobri que o primeiro passo é encarar a verdade sobre um relacionamento frio, distante. Separo um tempo para refletir sobre o que o relacionamento significa para mim e exatamente o que estou perdendo. Analiso como tenho deixado a intimidade escapulir e estabeleço um plano para revigorar o relacionamento. Às vezes, iniciar o processo depende apenas de uns poucos passos, bem simples, como, por exemplo, tomar a iniciativa de almoçarmos juntos.

Anatomia do Distanciamento

Trudy compartilhou sua história pessoal com centenas de outras pessoas que tenho ouvido através dos anos em minha experiência profissional. Assim como Trudy e seu marido, muitos casais caminham pela vida atordoados. Eles vão para o trabalho, acordam os filhos, levam seus filhos para treinar no time de futebol, cantam no coral da igreja, voltam para casa e vêem um pouco de televisão, ficam distanciados e se divorciam.

Lamentamos por esses casais que não fazem isso. Também nos indignamos por eles não terem mais força para continuar. Podemos criticá-los, mas também somos hipócritas – secretamente conscientes de que nossos casamentos nem sempre estão em melhor situação.

Obviamente os casais nunca deveriam se deixar levar pelas circunstâncias. Mas eles fazem isto – algumas vezes nós também. E isso acontece por razões incompreensíveis e podem ser evitadas. E este é o foco do nosso último erro crítico – distanciamento um do outro.

Vamos examinar mais de perto a vida de Trudy e o que está acontecendo em muitos casamentos. Vamos analisar o que ela compartilhou naqueles poucos minutos ao telefone, palavras essas que ecoam lamentavelmente em milhares de lares hoje. Vamos examinar a anatomia do casal emocionalmente separado. Como eles chegam a esse ponto? O que acontece para reforçar o problema?

Primeiro, *os relacionamentos estão sempre num estado gradativo de desintegração.* Embora alguém possa discordar desta afirmativa, creio que ela é verdadeira. Como outros objetos que devem obedecer à lei da entropia, os relacionamentos começam a decair praticamente logo que termina a lua-de-mel. Depois que os sinos do casamento param de tocar e os papéis dos presentes vão para o lixo, as coisas práticas da vida podem facilmente nos preocupar. Trudy revelou que seu casamento vinha perdendo gradativamente o brilho. Ela e seu marido perderam o foco e a determinação em manter seu relacionamento vivo.

Segundo, *temos uma necessidade contínua de relacionamento.* Pense nisso. Trudy estava solitária, como estão muitas outras pessoas. Ela queria um contato *verdadeiro.* Queria alguém para ouvi-la, admirá-la e compreendê-la. Estes não são pedidos absurdos. De fato, se as pessoas não podem encontrar esses ingredientes em seus casamentos, elas vão procurá-los em outro lugar. Mas, se os maridos e as esposas compreendem que sua missão é suprir essas necessidades, elas não precisam procurar outro lugar.

Terceiro, *temos necessidade de amizade.* Considere o que você procura num amigo. Quase todos nós queremos alguém que ria conosco, compartilhe histórias conosco, ouça nossas fraquezas e nos ajude a ver a vida de modo diferente. Embora a amizade possa ser um desafio, ela pode fazer parte de nosso casamento. Lamentavelmente Trudy tinha perdido essa amizade com seu marido. Mas, com esforço, dedicação e um enfoque, os cônjuges podem se tornar companheiros de novo. Eles podem lembrar o que apreciavam antes e começar a fazer essas coisas novamente. Todos nós podemos criar uma nova lista de coisas divertidas para fazer com o nosso cônjuge.

Um casal que eu conheço tem um pote para "passeios-surpresa". Os dois são responsáveis por colocar tiras de papel com sugestões de passeios interessantes no pote. Eles dão um passeio a cada fim de semana, tirando um novo papel do pote, e fazem algo engraçado juntos. Às vezes, as saídas são as "testadas e aprovadas", que ambos gostavam no passado. Algumas vezes são experiências que eles sempre quiseram realizar, mas nunca achavam tempo. No mês passado, tomaram um barco de turismo no porto de Bremerton, fizeram uma viagem ao zoológico de Seattle e passaram a tarde juntos: almoçaram e ficaram folheando revistas e livros numa livraria perto dali.

Quarto, *os amigos são pessoas interessantes para estarem juntas.* Trudy falou que estar com seu marido tinha se tornado enfadonho, talvez porque ambos tivessem perdido o interesse no outro a ponto de preferirem estar separados. Casamentos vibrantes são constituídos de cônjuges que reconhecem a importância de terem vitalidade e energia. Eles se guardam rigorosamente contra a apatia em seu casamento.

Finalmente, *precisamos de intimidade*. É mais fácil falar do que atingir tal nível de intimidade. Isto requer todos os ingredientes acima e um pouco mais. Também exige uma dedicação no sentido de ser transparente com seu cônjuge. Além disso, deve haver uma atenção vigorosa para criar segurança em seu relacionamento, de modo que vocês dois desejem se abrir um com o outro. Quando isso acontece, a satisfação e a intimidade virão como conseqüência.

Desejo de Intimidade

Se existe uma coisa que aprendi em mais de 28 anos de trabalho com as pessoas, é isto: Todos nós temos uma profunda e contínua necessidade de pertencer, de nos sentir amados e compreendidos. É algo simples e profundo. Você pode encontrar um milhão de maneiras de dizer isso, cantar ou escrever, mas a mensagem é a mesma – temos um desejo nato de intimidade. Qualquer rompimento de um relacionamento conjugal tem em sua raiz algum distúrbio em relação à intimidade saudável.

Mas, o que é exatamente intimidade? Ouvimos a palavra com tanta freqüência que seu significado se torna um pouco vago. Janet Voititz, autora de *Struggle For Intimacy* (A Busca da Intimidade), mostra algumas maneiras de pensar sobre isso. Ela mostra que a intimidade pode se desenvolver quando estas coisas acontecem realmente:

- Eu posso ser eu.
- Você pode ser você.
- Nós podemos ser nós.
- Eu posso crescer.
- Você pode crescer.
- Nós podemos crescer juntos.

Ela acrescenta esta definição de intimidade: "Intimidade significa que você tem uma relação de amor com uma outra pessoa a quem você demonstra e de quem você recebe compreensão, valorização e uma sensação de que é valorizado, intelectual, emocional e fisicamente".[1]

Quando analisei sua definição, concordei plenamente com isto porque fazia sentido. Quero fazer parte de um relacionamento em que possa realmente ser eu. Isso é mais difícil do que parece de início. Quero poder ter opiniões que possam ser diferentes das suas e quero ter liberdade de compartilhá-las sem me sentir envergonhado. Quero fazer parte de um relacionamento em que eu valorize as outras pessoas e lhes dê liberdade para discordar de mim, quem sabe mesmo a ponto de incentivar nossas diferenças. E quero que sejamos capazes de crescer juntos.

Quando estou numa relação em que qualquer um desses componentes vitais são esquecidos, afasto-me. Talvez não fisicamente. Pode até parecer que estou envolvido. Mas eu crio uma membrana protetora em volta de mim, de modo que você não possa me ver interiormente. Se não me sentir seguro para compartilhar meus sentimentos e convicções, vou embora.

Carne da minha Carne

Por que você supõe que sofremos tanto quando uma relação íntima é abalada, mesmo que temporariamente? Por que nos sentimos como se estivéssemos literalmente desintegrando quando um casamento se acaba? Por que nós simplesmente não limpamos a poeira dos nossos pés e vamos para pastos mais verdejantes? Acho que a resposta para tais perguntas está na história da criação em Gênesis – no âmago do próprio coração de Deus.

Nosso desejo nato por intimidade vem, sem dúvida, do nosso Criador. Não é por acidente que temos um desejo – alguém pode chamar isso de carência – aproximar-se um do outro e de Deus. Fomos criados para nos relacionar. Jesus foi um exemplo para nós, fazendo-se carne. Ele nos ensinou o evangelho no contexto dos relacionamentos. A intimidade com o nosso parceiro fazia parte dos desígnios de Deus.

Devemos nos lembrar de que a mulher não foi formada de elementos novos. Ela não foi tomada do pó, nem era independente do homem. Ela foi tirada de Adão, uma parte dele, para se tornar sua mulher. As primeiras palavras de Adão foram: "Esta é agora osso dos meus ossos e carne da minha carne; está será chamada varoa, porquanto do varão foi tomada" (Gn 2.23). Em seu livro *Fashioned For Intimacy* (Moldado para a Intimidade), Jane Hansen faz esta observação:

> Adão obviamente reconheceu alguma coisa dele nela. Ela era osso dos seus ossos e carne da sua carne. Ele a saudou e a recebeu, tomando-a como parte dele... Havia uma consciência de que Deus os tinha feito um para o outro, que ele tinha modelado esta união especificamente, e deveria haver uma interdependência entre eles. Embora fossem dois seres independentes, com qualidades muito diferentes, seu destino era ficar juntos.[2]

Depois de criar homem e mulher, Deus ainda deixa clara as suas intenções. "Portanto, deixará o varão o seu pai e a sua mãe e apegar-se-á à sua mulher, e serão ambos uma só carne" (Gn 2.24). Hansen compartilha uma outra idéia sobre o poder desta passagem:

> Esta diretriz de Deus é relembrada quatro vezes na Escritura. Ela foi inicialmente expressa aqui no capítulo 2 de Gênesis, repetida por Jesus, como lembrada no capítulo 19 de Mateus e no capítulo 10 de Marcos, e repetida por Paulo no capítulo 5 de Efésios. Quando uma palavra é mencionada uma vez na Bíblia, temos que dar uma atenção especial. Quando ela é mencionada quatro vezes, ela se torna uma bandeira vermelha de alerta. Deus está querendo que prestemos muita atenção, uma atenção dobrada.[3]

Não precisamos recuar em relação ao nosso desejo de estarmos próximos. Não precisamos de desculpas para ter alguém com quem possamos rir, compartilhar nosso dia e com quem fazer planos divertidos e estimulantes. O próprio Criador nos designou para um casamento íntimo e feliz.

Medo da Intimidade

Em vez de nosso desejo ardente de ficarmos íntimos de outras pessoas, e em vez de nossa necessidade dada por Deus dessa aproximação, sempre criamos inúmeras barreiras para prevenir que isso aconteça. No mínimo nos conduzimos de modo que essa intimidade não se desenvolva com mais intensidade do que estamos familiarizados. No mais, encontramos meios de sabotá-la sempre.

Por que a intimidade assusta tanto? O desejo de sermos perfeitos está arraigado em cada um de nós; por isso, não ficamos satisfeitos compartilhando nossas imperfeições com outros. Se revelo quem eu sou, você conhecerá o meu verdadeiro eu. Isto pode ser assustador. A maioria dos relacionamentos tem uma série de estratégias designadas para nos aproximar ou distanciar dos outros, dependendo de nossas necessidades no momento. Harriet Goldhor Lerner, em seu livro *A Ciranda da Intimidade*, diz que recuar e avançar num relacionamento é natural.

> A maioria de nós confia em alguma forma de distanciamento como um meio básico para controlar a intensidade de relacionamentos importantes. Distanciamento é um meio útil para

> controlar a intensidade quando ela nos tira de uma situação turbulenta e nos permite acalmar o suficiente para refletir, planejar e gerar novas opções para nosso comportamento. Freqüentemente, porém, nos utilizamos da distância e do desligamento para abandonar (emocional ou fisicamente) uma relação significativa, sem de fato abordar as questões e problemas.[4]

A conseqüência é que todos nós precisamos decidir por nós mesmos em que nível de intimidade nos sentimos confortáveis e como podemos obtê-la melhor. O que é confortável para uma pessoa pode ser insuportável para outra. Enquanto alguns podem desejar profundamente intimidade, outros preferem algo menos intenso. Por exemplo, quase todos nós temos de resolver a que distância moraremos de nossos pais. Alguns escolherão morar a poucos minutos e podem valer-se de uma razão diária para ficar conectados intimamente. Outros acham iso sufocante. Eles escolherão morar longe e fazer contato com seus pais uma vez ou outra para atualizar as últimas notícias. Ainda outros morarão bem longe e poderão falar com seus pais apenas uma ou duas vezes por ano. Como você pode notar, este é um problema altamente pessoal.

Os casados também precisam gerenciar uma certa dose de distância. A distância pode ser uma coisa boa se nós a administrarmos de maneira adequada e se ela não estiver baseada no medo. Os casais precisam conversar sobre a necessidade de ter momentos de solidão e folga sozinhos, para que possam voltar juntos, prontos para ter contatos. Eles talvez tenham que conversar sobre a intimidade e o quanto é assustadora para eles.

Pratique

Exercitar a intimidade com os nossos pais é uma coisa, mas com nosso cônjuge é algo mais. Somos bastante claros sobre a necessidade de alguma distância de nossos pais. Nós nunca temos consciência de nossa necessidade de equilíbrio entre intimidade e distância onde nossos cônjuges estão envolvidos. Depois que dissemos "sim", lutamos para mudar para o próximo nível, no qual estejamos à vontade tanto com nossa individualidade quanto com o compromisso que temos com o nosso cônjuge.

Encontrar um meio de identificar nossas carências de intimidade e depois encontrá-las pode ser um desfio enorme. Criar uma relação na qual possamos discutir essas questões é um importante começo. Vamos analisar alguns passos práticos adicionais.

Corra o Risco

O primeiro passo para se aproximar de seu cônjuge é simplesmente tomar a decisão de fazê-lo. Este é um enorme passo. Uma vez que você decide que quer ser mais transparente, tomará decisões de revelar-se mais para o seu cônjuge. Colher os benefícios da intimidade significa que você primeiro deve correr o risco de ser visto. Você se arrisca a ser intimidado, ridicularizado ou incompreendido por seu cônjuge, embora eu espere com certeza que isto não aconteça. Em vez disso, espero que você converse com seu cônjuge sobre dar esses passos para maior intimidade e concordar em honrar este pacto sagrado – compartilhar sem sentir vergonha.

Um dos primeiros passos para Trudy lidar com seu casamento sem vida era correr o risco de ser honesta com seu marido. Ela tinha que se aproximar e dizer que o casamento deles estava enfadonho. Ela tinha que se arriscar a parecer tola e talvez até mesmo ridícula por seu desejo de maior intimidade. Até que ela fizesse isso, nada mudaria.

Então, assim como Trudy, prepare-se para correr o risco de se aproximar de seu cônjuge novamente. Prepare-se para a vulnerabilidade que esse risco exige.

Focalize Novamente

Muitos casais se tornam distraídos na rotina diária da vida. Tenho conversado com muitas mulheres que preferiram passar o tempo com seus filhos e se envolverem nas atividades das crianças a encarar honestamente as dificuldades em seu casamento. Elas tentaram conversar com os maridos sobre esta necessidade de intimidade e eventualmente se sentiam rejeitadas quando o homem não compreendia por ele mesmo. Então elas voltaram sua atenção para os filhos. Isto não é muito diferente de homens que se distraem com esportes ou ocupações fora de casa em vez de encarar, honestamente, suas frustrações em casa. Intensificar a intimidade requer um enfoque. Como uma lupa concentra luz em direção a um ponto único, o enfoque conduz nossas energias para uma direção clara. Nós separamos um tempo para planejar e avaliar, em oração, como dar nova energia ao nosso casamento. Nós fechamos "a porta dos fundos" – o caminho que nos distrai do sofrimento que às vezes sentimos pelo vazio no casamento. Precisamos encarar – se necessário, várias vezes, os desafios elementares da intimidade.

Devemos ter sempre um plano pessoal de trazer emoção e vigor para o casamento – aqueles passeios divertidos, almoços a dois, caminhadas na praia, tardes no concerto. Sua lista (ou aquela jarra com passeios-surpresa) vai parecer diferente da minha, mas é tão importante quanto.

Então, vamos esclarecer sobre o problema. Você precisa abraçar outras questões importantes para ter alguma esperança de fazer ajustes em seu casamento. Vamos examinar várias áreas importantes que precisam de enfoque.

Abandone os Segredos

Segredos envenenam as relações. Você conhece o tipo: vícios escondidos, casos de adultério, gastos excessivos. Algumas vezes os segredos são pequenos, aparentemente inofensivos. Com mais freqüência, eles começam pequenos e evoluem para infecções que contaminam o casamento. Por que os segredos são tão prejudiciais?

Os segredos geralmente são guardados porque são inerentemente destrutivos. O alcoólico que prometeu parar, mas agora esconde sua bebida provoca raiva e desconfiança no casamento. Sua esposa não sabe em quem acreditar. Ele jura que parou e insiste que a bebida que ela encontrou no porão não é mesmo dele, apesar do absurdo desta afirmativa. Ela é seu estigma, e ele mentiu sobre isso antes. Ela fica fora de si, com medo de ele ter tido uma recaída, e, ainda pior, que não procurará ajuda para o seu problema de alcoolismo.

Uma vez descobertos, os segredos plantam as sementes da desconfiança. Os segredos dizem para o outro cônjuge: "Eu não pude confiar em você para lhe contar abertamente; então, ocultei de você esta parte da minha vida". Sem um alicerce de confiança, os relacionamentos nunca podem ser sadios e satisfatórios.

Então, mesmo diante do risco de raiva e mágoa, seja honesto; livre-se dos segredos. Diga a seu cônjuge aquelas coisas que você sabe que precisa trazer à tona em seu casamento.

Seja Generoso no Amor

Em algum lugar ao longo do caminho, nos esquecemos como precisamos ser românticos. Esquecemos a importância de acender as chamas do amor, já que a lua-de-mel acabou. Resolvemos que ser generosos no amor é frívolo, desnecessário, uma perda de tempo.

Você sabe que essa conclusão é falsa e prejudicial, e pode observar em seu próprio casamento a diferença entre aqueles tempos em que você está romântico e generoso com seu amor e aqueles quando você está ocupado demais para se preocupar com tais coisas. Quando você está atencioso e romântico, seu cônjuge reage da mesma forma com afeto. Quando você está mesquinho com seus carinhos, ou está preocupado demais para derramar amor sobre o seu cônjuge e sua família, você se torna distante, e sua família reage da mesma forma. É assim que sua vida afetiva pode começar a declinar e morrer.

Ser generoso com seu amor é de suma importância. Mostre que você se importa, todo dia e de todo jeito que você imaginar. Que tal tentar algumas das seguintes idéias?

- Cumprimente seu cônjuge com um sorriso e um 'bom-dia" quando ele acordar.
- Diga "eu te amo" todo dia.
- Ofereça para revezar-se, fazendo o jantar.
- Tome a iniciativa planejando uma data.
- Elogie generosamente a aparência do seu cônjuge.

Viva em Amor

Muitas coisas podem criar distância num relacionamento. Um casamento raramente perde o encanto por uma única razão. Mas, uma coisa é certa: um casamento cheio de surpresas agradáveis, sensuais – onde ninguém desvaloriza o outro, desfruta de um grau de imunidade contra as destruições do tédio e do desinteresse. Um ato de cortesia pode dissipar o distanciamento num instante.

Pense nisso. Quando foi a última vez em que você veio para casa para um jantar a luz de velas, flores e uma música romântica ao fundo? Quando foi a última vez em que você pensou em criar uma noite mágica ou um fim de semana para seu cônjuge? Quando foi a última vez em que você reservou uma pousada com vista para o mar para passarem a noite?

Alexandra Stoddard, em seu livro *Living in Love* (Vivendo em Amor), conta sobre seus primeiros dias com seu marido, Peter. Porque ambos tinham sido casados antes, eles tinham esperado cautelosamente vários anos até pensarem em casar de novo. Mas os dois se tornaram amigos, e aquela amizade por fim se transformou em amor.

Se você conhece Alexandra Stoddard, sabe que ela é formada como *designer* de interiores e escritora. Você sabe que ela vive a vida com intensidade e se entrega completamente em seus relacionamentos. Ela compartilha com eloqüência os detalhes de seu intenso romance com Peter.

Ela fala do despertar juntos e do compartilhar o café da manhã no seu pátio banhado pela luz do sol. Eles conversam livremente sobre as bênçãos da natureza à mostra em volta de sua casa, mas principalmente, eles demonstram de forma aberta e sem nenhuma inibição seu afeto um pelo outro. Eles parecem se acalentar no amor de um pelo outro.

> Antes de se sentar para continuar seu café da manhã, Peter caminha até á beira do terraço, colhe um hibisco rosa e o traz para colocar no meu cabelo. Ele pega um outro pedacinho do seu muffin molhado no mel... Aqui, neste prolongado café no terraço, devaneei sobre nosso tempo de vida amorosa juntos. Eu penso em tudo que nós temos passado e quanto eu estou ansiosa pelas surpresas do futuro. Eu penso no amor.[5]

Muitos rejeitariam a obra de Stoddard, chamando-a de romântica e melosa (com o que ela podia concordar), mas eu mesmo sinto-me atraído por isso. Tenho muitos dos seus livros e me alegro sempre quando a imagino com Peter compartilhando o café da manhã, suas expectativas e interesses para o dia e sua dedicação um ao outro.

Alexandra e Peter deixam claro que este é o segundo casamento dela e o terceiro dele. Apesar de não darem detalhes dos seus casamentos anteriores, eles parecem estar tomando precauções extras para manter a intimidade viva e satisfatória no casamento atual. Eles já viram e experimentaram a doçura do amor antes, e já o viram definhar e sumir com o tempo. Você acha que eles estão mais determinados a manter o viço do amor desta vez? Será que agora eles estão dispostos a manter a chama da paixão? Eles estão dispostos a compartilhar suas afeições livremente e tornar a surpresa um elemento essencial em seu relacionamento. Será que poderíamos falar sobre o nosso cônjuge da mesma maneira como Alexandra descreve Peter?

> Ele estala seus dedos e toca de leve os dedos do pé. Ele fura ondas e se esparrama comigo na água. Ele assobia, imita os pássaros, dança de alegria, vai subindo as escadas saltando, cantando: "Hey, ho". Ele não precisa de nada para se sentir feliz e está tão cheio de gratidão por estar vivendo em amor. Que bênção extraordinária e efervescente viver apaixonado, com um espírito tão vivo.[6]

Numa conversa recente, uma mulher me disse como havia começado a prática de prestar mais atenção aos atributos positivos do seu marido em vez de insistir em falar sobre suas atitudes negativas. Estava maravilhada com os resultados deste simples exercício. Ela sorriu enquanto lembrava de algumas sutilezas que ela ainda achava apaixonantes. Em vez de se concentrar nos seus hábitos que a aborreciam, ela mudou seu foco e ficou feliz em redescobrir seu afeto por ele.

O Poder do Pedido de Desculpas

O arrependimento é um instrumento extremamente poderoso para manter uma relação sadia. A razão por que nós tão raramente nos desculpamos vai além da minha compreensão – a não ser o óbvio: desculpar-se e admitir uma falta torna vulnerável o todo-poderoso ego.

Desculpas são essenciais para manter forte o amor. Por quê? Porque sempre vamos cometer erros que ameaçam o laço da intimidade. Isso faz parte do ser humano. Iremos ferir os sentimentos um do outro nos momentos de insensibilidade e raiva, e as desculpas são um meio de consertar as cercas. Dizer ao seu cônjuge que você sente muito por causar mal a ele ou ela pode ser um poderoso caminho de volta à confiança e à intimidade. Palavras como "Me desculpe" são tremendamente conciliadoras.

"Desculpe-me" é um excelente começo, mas a melhor desculpa diz mais. Para realmente consertar a quebra no relacionamento, vamos mais além:

- Nós admitimos o arrependimento por nossos atos.
- Nós admitimos objetivamente o que nós fizemos de errado.
- Nós admitimos o impacto dos nossos atos sobre o nosso cônjuge.
- Nós admitimos a responsabilidade pelos erros.
- Nós admitimos disposição para consertar o erro – inclusive dando restituição.

Deixar de apresentar um pedido de desculpas é um erro sério e extremamente prejudicial, apesar dos protestos do ego em contrário. Quando você sabe que prejudicou seu cônjuge, e ainda assim se mostra orgulhoso demais para se desculpar, você levanta um obstáculo entre os dois. A ferida de seu cônjuge inflama por querer que você faça isto.

Abrande seu coração e peça desculpas pelas coisas que você sabe que fez de errado. Não espere que seu cônjuge peça desculpas pelos atos dele ou dela; tome a iniciativa e se desculpe pelo estrago que você fez – e então veja os efeitos poderosos desse pedido de desculpas.

Os pedidos de desculpas que apresentamos ao nosso cônjuge e a outras pessoas são também ofertas que podemos dar a Deus. Ele deseja que nos arrependamos sinceramente pelos atos pecaminosos, e este é um meio de renovarmos nosso relacionamento com Ele.

Perdoe-se a si mesmo e aos outros

Tendo feito a sua parte em desculpar-se, agora você precisa concentrar-se em perdoar a si mesmo. De fato, até que você possa perdoar-se (ao menos parcialmente), estará ocupado demais consigo mesmo para se concentrar em seu cônjuge. Perdoar a si mesmo desobstrui o caminho para que você compreenda verdadeiramente seu cônjuge e se desculpe de maneira apropriada.

Em meu trabalho de aconselhamento, acho que perdoar a nós mesmos é uma tarefa tão difícil quanto perdoar os outros. Costumamos dar mais ênfase ao fato de perdoar os outros – pois esses ressentimentos são mais evidentes – mas perdoarmos a nós mesmos é, no mínimo, um desafio tão árduo quanto.

Numa oficina em que participei há vários anos, recebemos uma tarefa de recortar pedaços diferentes de revistas, criando um mosaico que representasse a vida que nós queríamos no futuro. Isso parecia uma tarefa simples, então comecei a cortar gravuras de veleiros, água, montanhas, como também palavras como *reflexão, inspiração e imaginação*, que são todas simbólicas de partes da minha vida.

Nós nos ocupamos com nossos projetos, colhendo palavras adequadas e gravuras, enquanto jogávamos fora as partes que não serviam. No final do projeto, enquanto eu e os outros participantes ficamos admirando nossa obra, a líder fez uma pergunta surpreendente:

– O que vocês fizeram com os pedaços de papel que sobraram?

– Bem, nós os jogamos fora, é lógico – respondemos.

A líder olhou meio atravessado para nós por um momento. Então, ela falou com delicadeza.

– Algumas vezes, as partes extras da nossa vida, as coisas que nós chamamos de sobras, ou erros, são de fato componentes importantes. Apressamo-nos demais em jogá-los fora – para classificá-los de lixo. Eles podem ajudar a criar a textura, que torna a nossa vida interessante e especial para nós.

Nunca me esqueci daquela ilustração. Quando sinto-me desanimado por causa de todos os erros em minha vida e caminho cuidadosamente com os outros no meio dos escombros de suas dificuldades, lembro-me das palavras de Paulo: “E sabemos todas as coisas contribuem juntamente para o bem daqueles que amam a Deus, daqueles que são chamado por seu decreto” (Rm 8.28).

Brennan Manning, em seu maravilhoso livro *O Evangelho Maltrapilho*, fala com todos nós, pecadores. Ele nos lembra que somos pródigos desejando o abraço amoroso do pai quando voltamos, várias vezes, dos nossos caminhos egocêntricos. No contexto de nosso mundo enfadonho e distorcido, Manning centraliza-se na orientação de Jesus para amar os mais insignificantes. Manning pergunta se esses menos importantes não poderiam ser, às vezes, você e eu.

Mas, quando cometemos um erro, podemos realmente confessá-lo, compensá-lo e nos dar perdão? Você se tortura com perguntas que só servem para destruir sua estima? Você se preocupa demais, como eu faço às vezes, com aquelas ocasiões quando podia ter sido mais amável no papel de marido? Você gostaria de saber o que poderia ter feito como pai para criar um filho mais responsável? Você questiona sobre o que poderia ter feito para levar seu cônjuge traí-lo ou perder o interesse por você?

Sempre precisamos nos lembrar das palavras de Jesus sobre amar nosso próximo *como* a nós mesmos – não *em vez de* amarmos a nós mesmos.

As Escrituras têm muito a dizer sobre este tema de perdoar os outros. Como sempre, Jesus tem advertência direta e valiosa para nós.

Eu cito novamente as palavras de Jesus concernentes ao perdão. Na oração do Pai Nosso, Ele não apenas ensina a orar, mas nos estimula a pedirmos perdão assim como nós perdoamos os pecados dos outros contra nós. Ele prossegue, dizendo: "Porque, se perdoardes aos homens as suas ofensas, também vosso Pai celestial vos perdoará a vós; Se, porém, não perdoardes aos homens as suas ofensas, também vosso Pai vos não perdoará as vossas ofensas" (Mt 6.14,15). Certamente nós não queremos brincar com esta advertência. Devemos ver a questão de perdoar os outros como uma ordem, não como uma opção. Não podemos assumir claramente as diretrizes de Jesus para amar nossos vizinhos e fazer aos outros o que vocês querem que eles lhe façam (Lc 6.31). Somos advertidos que devemos perdoar, perdoar e perdoar de novo (Mt 18.21,22).

Perdoe-se. Perdoe os outros. Isso vai permitir que você reconstrua algumas pontes quebradas da intimidade.

Intimidade Espiritual

Podemos demonstrar intimidade de várias maneiras. Quase todos nós somos rápidos para reconhecer a intimidade física e emocional – ou a falta dela – em nossos relacionamentos, mas não somos tão rápidos para pensar e falar sobre intimidade espiritual.

O escritor e teólogo Henri Nouwen, em seu livro *Lifesigns* (Sinais de Vida), afirma: "A vida, morte e ressurreição de Jesus manifestam para nós a completa intimidade desse abraço divino. Ele viveu nossa vida, morreu nossa morte e nos conduziu para a sua glória. Não há sofrimento que Ele não tenha passado na agonia da cruz, nenhuma alegria humana que não tenha sido celebrada por Jesus em sua ressurreição para a nossa vida".

Nouwen acredita que intimidade com Jesus requer que estejamos íntimos com os outros. "Nós não podemos viver em comunhão íntima com Jesus sem estarmos conectados com nossos irmãos e irmãs que pertencem àquela mesma humanidade que Jesus aceitou como sua. Além disso, a intimidade se manifesta como solidariedade, e solidariedade como intimidade".[7]

Nouwen não é ingênuo. Ele reconhece que nós somos geralmente pessoas fragmentadas. Mas ele nos desafia a criar novos olhos e novos ouvidos para ouvir a verdade sobre nossa intimidade. Ele nos desafia a sermos pessoas cuja oração é mais profunda e, por conseguinte, cujo amor e aceitação são mais profundos. "Deus quer abrir nossos olhos, de modo que possamos ver que, juntos, fazemos parte da plenitude do perfeito amor de Deus".[8]

Enquanto analiso a importância da intimidade, me pergunto sobre Trudy, a ouvinte que observou que ela e seu marido estavam vivendo vidas separadas na mesma casa. Enquanto claramente desanimada, ela mostrou que era uma pessoa cristã e ansiava por intimidade com seu marido novamente. Ela contou que seu marido também era um cristão. Embora nós não saibamos o que aconteceu com eles, podemos estar confiantes de que ela está orando pelo seu casamento e está preparada para conversar seriamente com ele sobre a distância entre os dois. Ela está preparada para dar um novo rumo à sua vida conjugal, abrir mão dos segredos e arriscar se aproximar um pouco mais dele. Ela está confiante em permear seus esforços em oração, buscando a Deus para mudar primeiro o seu coração e, então, o do seu marido.

A intimidade só pode ser criada quando tivermos entregado nosso coração a Jesus. Eu costumava crer de maneira diferente. Achava que podia me obrigar a ser mais amável. Se eu praticasse um grande número de técnicas, talvez pudesse ser um amante perfeito e um homem agradável. Tendo tropeçado nessas palavras e nessa atitude milhares de vezes, estou pronto a me render: eu vou amar de verdade apenas na medida em que eu estiver disposto a entregar meu coração ao perfeito amor de Deus. Só então encontrarei a doçura da verdadeira intimidade com os outros.

Capítulo Onze

Descobrindo a Força e a Habilidade para Mudar

Mudar não é meramente necessário à vida. Mudar é vida.
– ALVIN TOFFLER

Piada antiga: Quantos psicólogos são necessários para mudar uma lâmpada?

Resposta: Apenas um, mas a lâmpada tem que se comprometer realmente com a mudança.

Às vezes eu considero a grandeza da minha profissão. Algumas pessoas consideram os psicólogos como professores, sacerdotes, médicos-curandeiros ou mágicos. Realmente, nossa missão pode ser intimidar. As pessoas vêm nos procurar porque elas sofrem e querem se sentir melhor. Elas nos procuram para obter respostas. Elas têm medo de não conseguirem mudar, ou que a mudança possa ser muito drástica, ou que o preço da mudança possa ser muito alto.

Quando reflito sobre meu papel, penso nas mudanças pelas quais passei desde que entrei nesse campo como um estudante ingênuo, meio espantado e sonhador, há muitos anos. Como os psicólogos mais velhos devem ter rido diante do meu entusiasmo de principiante. Como eles devem ter gargalhado quando anunciei, de forma vaidosa, que eu poderia tratar de qualquer pessoa com sucesso em meus grupos na Unidade Psiquiátrica do Hospital da Providência em Portland, Oregon.

Eles devem ter se sentado e dito: "Deixe que ele vá. Vai aprender com o passar do tempo".

Que dificuldade de mudança haveria? Refleti. Se o paciente estava querendo, a cura não seria difícil. Estonteado com o poder que acompanhava o trabalho nesta unidade, vestido num jaleco branco, impecável, que me distanciava dos pacientes, chequei a conclusão de que a graduação de mestre que estava buscando não seria o suficiente. Eu queria treinar mais para que pudesse ser muito mais eficiente. Na verdade, eu acho que eu só queria mais poder. Queria mais pacientes, internos e uma equipe que me pedisse soluções para os problemas. Eu queria que todos me chamassem de Dr. Hawkins.

É claro que os psicólogos e psiquiatras mais experientes estavam certos. Eu não podia tratar de cada um em meus grupos com eficiência. Muitos que vinham em crise para a unidade ficavam melhores e voltavam às mesmas vidas que deixaram; então, retornavam ao consultório seis meses depois, praticamente sem nenhuma alteração. A realidade começou a entranhar-se em mim. Agora, passados trinta anos, mais ou menos, com milhares de horas de clínica em meu currículo, estou menos deslumbrado e muito mais realista. O doutorado foi útil, mas não apresentou nenhuma panacéia para cuidar das pessoas através dos portais da mudança. Meu trabalho é equilibrado, sensato. Eu ainda transmito esperança para os outros, mas ela é liberalmente temperada com a razão. Compreendo que minhas sugestões e intervenções podem apenas ser de grande auxílio. O céu já não é o limite. Orações silenciosas pedindo ajuda são mais comuns agora na hora da terapia.

O que aprendi através de anos de trabalho com almas angustiadas? O que vi várias vezes quando trabalhando com casais que, como observadores indefesos continuam a cometer um erro atrás do outro? O que o tempo me ensinou sobre a perspectiva de mudança?

O que aprendi foi que mudar é muito mais difícil do que imaginamos. Em grande parte, isso é porque o eu (ou ego) só pode ir até certo ponto. Mais do que uma mudança externa e transitória, precisamos de transformação mais profunda, e isso acontece pela entrega de nossos corações a Jesus Cristo. Quando nos entregamos ao poder transformador de Cristo, todas as coisas se tornam possíveis.

O Ego Resistente

Manifestar-se francamente contra o ego parece quase uma blasfêmia para o psicólogo. Afinal, muito do nosso trabalho tem a ver com intensificar as forças do ego – ajudando-o a resolver problemas, tomar decisões racionais e "amadurecer". Um ego forte é decisivo para a integridade do indivíduo e o funcionamento da saúde. Porém, os problemas aparecem, quando o ego se torna poderoso demais, como era o meu quando era estudante. Com muita facilidade escolhemos os caminhos perigosos para criar falsos egos. Quando isso acontece, começamos a acreditar que temos mais força do que realmente temos e começamos a achar que somos mais importantes do que realmente somos. Lamentavelmente, quanto mais nos identificamos com esses falsos egos – essas pessoas importantes e sábias demais – maiores se tornam nossos conflitos. Os reinos que nós próprios construímos nos afastam das oportunidades de transformações verdadeiras.

Recentemente aconselhei um homem que tinha perdido a paciência por causa de uma coisa incrivelmente banal – sua esposa, acidentalmente, havia deixado passar do ponto o seu bife. Ele a censurou "por não ser capaz de cozinhar decentemente". Ele estava esperando ansiosamente por um delicioso bife mal passado, e quando as coisas não saíram como havia planejado, ele foi tomado por uma fúria passageira, mas assustadora. Sua esposa estava assustada, magoada e muito aborrecida por sua explosão imatura.

Quando os ouvi, ele fincou rigidamente na sua posição de que não deveria pedir desculpas.

– Isso me deixou louco. É isso aí. Eu não vejo por que deveria dizer "sinto muito" quando foi ela quem deixou o bife passar do ponto. Além disso, a situação ficou totalmente resolvida em poucos minutos. Eu não sou diferente da maioria dos homens – fico irritado, mas logo depois fica tudo bem. Não faço por mal. Eu não quero que ela fique perturbada. Ela precisa esquecer isso.

– Mas não parece que está resolvido para ela – eu disse. Ela teve que conviver com os efeitos da sua raiva.

– Bem, é exatamente assim que eu sou. Não deveria ser nada demais.

Ele parou por um momento, baixou a cabeça e disse:

– Eu acho que não devia perder o controle, mas é assim que os homens fazem. Todo mundo na fábrica fala do jeito que eu falo. É assim que as coisas são.

E assim esse homem escolheu viver com seu coração endurecido. Ele parece ter apenas uma vaga idéia de como está cheio de si. Ele parece querer um casamento melhor – desde que ele não tenha que mudar. Aprendeu a se identificar com sua imagem de homem temperamental e acalma a sua consciência dizendo a si mesmo que outros homens se comportam exatamente assim.

Neste exemplo, presenciamos o lado negro do ego. Vemos sua abordagem mesquinha e egoísta da vida. Cada um de nós também pode se identificar com esse tipo de comportamento.

Talvez não sejamos "explosivos" como o homem do bife passado do ponto. É provável que a gente reaja de forma passivo-agressiva e nos recusemos a falar. Ou, quem sabe, saímos furiosos da sala quando ficamos zangados. O fato é que nossos egos estão vivos e bem dispostos, e eles são, provavelmente, responsáveis por causar problemas em nossos relacionamentos.

O ego não se rende a mudança com facilidade. De fato, este soberano tirânico e autoprotetor tem problemas em se permitir desistir do poder ou se submeter a mudança. Para o ego, ouvir a voz suave da razão seria equivalente a um rei levantando do trono e permitindo que seus servos governem em seu lugar. Lembro-me das palavras de Paulo: "Portanto, os que estão na carne não podem agradar a Deus" (Rm 8.8).

A Larva de Borboleta

Fiquei terrivelmente perturbado ao descobrir que as pessoas são caprichosas no que diz respeito à mudança. Estava preparado para ser como que um enfermeiro para as almas feridas, que supostamente queriam uma vida mais saudável. Estava ansioso para cumprimentar pessoas à porta do meu consultório; já as visualizava saindo com novas habilidades e novas atitudes. Eu imaginava que elas estivessem desejosas de fazer alguma coisa para obter uma vida mais saudável.

O que descobri era completamente diferente do que eu havia imaginado. As pessoas anseiam desesperadamente por novas vidas, mas se apegam tenazmente às suas vidas velhas. Elas dizem que querem renovação, mas desistem se o preço parece alto demais. De repente, a vida velha não parece tão ruim, afinal de contas.

Algumas pessoas parecem acreditar que a mudança cosmética – como redução de estômago para perda de peso – é uma resposta adequada para problemas conjugais. "Você quer que eu venha para a terapia de casais por quanto tempo?" – eles perguntam surpresos, quando aprendem que anos de problemas não podem ser tratados numa única sessão. Aqueles que querem mudar realmente desejam que seja rápido. A impaciência deles é uma outra versão da obsessão americana pela recompensa instantânea.

Sue Monk Kidd, em seu livro imperdível, *Quando o Coração Amanhece*, nos guia metaforicamente através das transformações na vida da larva de borboleta. Ela explica que a lagarta se submete não apenas a mudança cosmética, mas a uma transformação completa. Nada de batom ou lápis de olho aqui. Uma completa reconstrução.

Imagine então a lagarta. Ela espontaneamente entra no casulo, sem dúvida um lugar escuro e solitário. Lá, durante o frio do inverno, algo mais do que uma mudança acontece. Ocorre a morte. A lagarta se submete aos elementos da metamorfose – transformação radical. Mas primeiro a natureza velha precisa morrer. "Se o grão de trigo, caindo na terra, não morrer, fica ele só; mas, se morrer, dá muito fruto" (Jo 12.24).

Kidd dá seguimento à história da lagarta – crisálida para borboleta. Ela compartilha o valor dessa miraculosa lição da natureza. Durante as longas e vagarosas noites de inverno, quando parece que nada está acontecendo, quando tudo que está presente parece estar sem vida, um processo de fermentação está acontecendo. Tal qual a obra do Espírito sobre a nossa natureza interior, algo profundo, permanente e transformador está se mostrando aos poucos. Uma transformação profunda, verdadeira e interior não acontece sem o tempo necessário e os ingredientes. Qualquer coisa menos que isso conduzirá inevitavelmente ao desapontamento.

"Transformações só acontecem quando andamos todo o longo caminho," – Kidd escreve, "só quando queremos trilhar uma rota diferente, mais longa, mais árdua, mais interior, de maneira mais contrita. Quando você espera, está escolhendo deliberadamente tomar o longo caminho, andar oito quarteirões em vez de quatro, confiando que há uma descoberta transformadora disponível ao longo do caminho".[1]

As pessoas querem um atalho para esse processo. Queremos uma mudança rápida com perfeição.

Muitos anos atrás criei galinhas. Em um determinado momento, resolvi chocar os ovos e criar meus próprios pintinhos. O processo era muito estimulante para mim. Fiquei acordado durante as semanas de incubação. Eu imaginava a vida embrionária dentro das cascas escuras e me vi encantado quando uma nova vida começava a surgir.

De fato, enquanto aguardava os nascimentos, estava tão preocupado que os pintinhos tivessem dificuldade de sair de suas cascas que decidi dar uma ajuda. Com uma faca retirei a casca frágil e a membrana que os envolvia, e esperei que os pintinhos saltassem dali. Para meu espanto, todos os pintinhos morreram. Momentos antes, com os próprios bicos, teriam aberto seu caminho para um mundo novo. Agora ficaram apenas seus corpinhos sem vida.

Comecei a chorar quando compreendi o que tinha feito. Eu tinha cuidado desses pintinhos desde a concepção até o nascimento, para depois vê-los morrer como resultado da minha impaciência. Não tive autodisciplina para deixar que eles completassem seu processo de transformação.

Henry David Thoreau, um andarilho solitário da América, analisa a noção de paciência e mudança verdadeira. "Você acha que estou empobrecendo por me afastar dos homens, mas, na minha solidão, eu teci para mim um casulo de seda, uma crisálida, e como uma larva hei de romper o casulo como uma criatura mais perfeita."[2]

Renúncia

Se ouvirmos Kidd, Thoreau e, é óbvio, as Escrituras, devemos batalhar pela idéia de transformação resignada e profunda. Se queremos realmente nos tornar pessoas diferentes, devemos primeiramente convidar o Espírito Santo para a nossa crisálida pessoal.

Entretanto, por mais que queiramos mudar e parar de cometer esses erros terríveis, que atrapalham nossos casamentos, a transformação não vai ocorrer, se nos mantivermos fiéis ao nosso modo autoconfiante de fazer as coisas. Como terapeuta, estou mais do que consciente das limitações que existem para que possamos nos transformar.

Esses que têm tido sucesso em programas dos doze passos vão lhe dizer que cada momento de paz em relação ao seu alcoolismo, dependência de drogas ou co-dependência acontece quando eles renunciam à sua vontade própria por um poder maior – Deus. Eles sabem que essa rendição é a chave.

A mudança ocorre quando renunciamos a nossa vida velha, nossos velhos modos de pensar e de nos comportarmos, para a vida renovada em Cristo. Quando nos submetemos à sua vontade, nossa vontade é refeita. Isso leva a um coração transformado e à capacidade de passar verdadeiramente pelas transformações das quais falei nesse livro.

Ouça o que diz Kidd sobre o processo de libertação.

> Temos dentro de nós um profundo desejo de crescer e de nos tornamos uma nova criatura, mas possuímos uma compulsão igualmente forte de permanecer os mesmos – entocados em nossas posições, salvos e seguros... Mudar de nosso enfoque egocêntrico para um foco mais centrado em Deus é extremamente difícil. Acho que temos fracassado ao assumir que um movimento tão radical possa ser alcançado simplesmente ajoelhando e fazendo uma ou duas orações de entrega. Libertar-se não é um passo, mas vários. É um processo complicado, que acontece em níveis profundos. E devemos começar do começo: confrontando nossa ambivalência.[3]

Mas o nosso desejo de mudar é tão poderoso quanto nossa convicção egoísta de autoconfiança? Desistir é tão anti-brasileiro. "Desistir? De maneira nenhuma! Eu vou lutar, espernear, tentar e tentar novamente. Eu não vou parar. Eu não vou desistir, não vou me render."

Você não pode nos ouvir levantar nossas vozes num canto unificado? "Nós podemos vencer. Vamos persistir. Nunca vamos desistir. Vamos superar as barreiras e faremos isso por nossa conta". No meio de toda essa pirraça, não estamos dispostos a curvar nossas cabeças e, na mais doce entrega, pedir a Deus que sare nossos corações. E Deus chora.

Richard Bode, em seu livro *Velejando com a Vida*, compartilha sua luta pessoal com a renúncia e a eventual aceitação da vida da crisálida. Ele fala sobre ignorar os sintomas dolorosos na esperança de que seu problema físico possa ser sanado.

> Eu forcei minhas pernas a levarem meu corpo numa direção que ele não queria ir, e agora, incapaz de carregar o terrível fardo, meu quadril direito tinha se rebelado. Despertei da anestesia (da cirurgia), com o corpo imobilizado do meu peito até os meus dedos dos pés.[4]

Sua enfermeira o ajuda com os aspectos físicos e emocionais daquela dura experiência. "Bem, aí está você, são e salvo dentro do casulo" – ela diz. "Quem você acha que será quando sair deste estado?"

Preso em seu mundo sem movimento, Bode não tinha opção a não ser refletir sobre sua vida. Algumas vezes, a vida – como revelada através das forças que Deus coloca em movimento – nos compelirá a renunciar, a despeito de nossa vontade.

"Dia após dia", Bode escreve, "enquanto permanecia em minha ociosidade forçada, eu pensava profundamente sobre quem eu era, de onde eu vim e o que eu gostaria de ser. O que eu tinha perdido em movimento físico ganhei em discernimento, que é um movimento de outro tipo. Aprendi que a vida interior era tão compensadora quanto a exterior e que meus momentos mais ricos aconteceram quando eu estava absolutamente imóvel."[5]

Transformação de dentro para fora

A história da viagem da lagarta tem muitas aplicações. Talvez o mais maravilhoso seja quando a lagarta – pronta para ser transformada de dentro para fora – entrega sua vida aos recantos escuros e solitários da crisálida.

Ao contrário, quase todos nós queremos ser transformados de fora para dentro. Nós também queremos mudanças externas parar remediar nossos problemas, ou pior, queremos que nosso ambiente seja mudado, de modo que possamos nos sentir melhor.

Gary é um cliente peculiar. Um alcoólatra de meia-idade, propenso a reincidência; vivia atolado num casamento miserável e tinha um trabalho também miserável. Como era de se esperar, ele estava se sentindo mais que miserável. Quando veio me ver, estava cheio de ressentimento e de raiva. Ele acreditava que a solução estava na transformação de sua esposa, com quem estava casado há vinte anos. Ela o tinha deixado recentemente e estava decidindo se fazia ou não a separação definitiva. De acordo com Gary, a esposa insistia que ele fizesse um tratamento antes que ela voltasse para casa.

Você poderia supor que Gary se renderia rapidamente e procuraria tratamento sob essas circunstâncias, mas a sua teimosia era uma coisa fora do comum, a despeito do absurdo das suas possíveis razões. Durante as várias sessões, Gary afirmou claramente que não via nenhuma razão para mudar seu comportamento. Ele queria transformar sua esposa na mãe amorosa e cativante que ele nunca teve. Queria que ela o aceitasse do jeito que era e insistia que só voltava a beber a cada seis meses, mais ou menos. Qual era o problema?

De fato, ele colocava nela a culpa da maioria dos seus problemas, justificando e minimizando criativamente sua própria participação nas questões.

Embora estivesse animado por Gary ter concordado em freqüentar o aconselhamento, ele não tinha, de fato, o desejo de mudar interiormente. Ele esperava que, se prometesse à sua mulher que deixaria a bebida, ela voltaria para casa. Gary lhe mandara uma carta dizendo-lhe o quanto a amava, e achava que, se oferecesse a ela algumas migalhas, eles saboreariam como se fosse uma refeição especial.

Sua esposa estava mais do que arrasada, porque já tinha estado nessa situação por várias vezes e insistia que ele entrasse em tratamento e mudasse seu estilo de vida, que estava contribuindo para as suas recaídas. Seu marido, por sua vez, queria que ela se contentasse com meias-medidas.

Não sou mais um novato, nem tenho a cura para todos os males. Entendo que Gary hesitará com relação ao seu mal-estar até perceber que mudanças superficiais e convenientes não trarão sua esposa de volta – nem resolverão o seu problema de alcoolismo.

É intrigante ver a indústria de cirurgia cosmética que nós americanos apoiamos gastando milhões de dólares anualmente para sustentar nossa aparência exterior. É claro que nosso desejo maior é ver, de algum modo, aprimorar nosso enfraquecido senso de auto-estima. Eu devo admitir que me sinto tentado pelas anúncios atraentes que promovem "o belo corpo". Pés de galinha não têm vez no meu rosto. Tenho lido sobre meios fantásticos de rejuvenescer dez anos com uma pinçada aqui e uma dobra ali. E, se a cirurgia não é o seu caso, você pode optar por uma variedade de cremes faciais, óleos para o corpo, tratamentos a laser para restauração facial e depilação, e não vamos esquecer o tratamento verdadeiro – tratamentos garantidos no SPA, para fazer você se sentir jovem de novo. Obviamente, aos cinqüenta, eu estou só observando.

Eu não sou categoricamente contra esses tratamentos. Minha única esperança é que nós possamos manter essas coisas em perspectiva. O fato de remover as linhas e rugas não tornará você completo, nem apagará os erros que você tem cometido em seu casamento. Uma correção no nariz ou um queixo firme não alterarão a maneira como você fala com seu marido quando ele a aborrece. Essas alterações devem ser feitas de dentro para fora. Elas exigem que você mude seu caráter.

Mas temos misturado os sentimentos quanto a fazer mudanças internas. Nós não só somos ambivalentes quanto a nos render, mas também para reconhecer nossos erros. Assim como o cliente que teve um acesso de raiva porque seu bife tinha passado do ponto, mas se recusava a se humilhar e admitir sua culpa naquela situação, a maioria de nós pede apenas desculpas superficialmente, na melhor das hipóteses. Nós apresentamos desculpas para nosso comportamento, procuramos minimizar e justificar nossos atos. Algo que nos livre de nos sentirmos mal. Então cerramos os dentes e esperamos que nosso cônjuge nos receba com uma gentileza (um ramo de oliveira), antes mesmo de pensarmos em admitir o erro.

Para que aconteça uma mudança significativa, precisamos abrandar nossos corações. E, para que isso aconteça, precisamos estar dispostos a deixar que Deus atue em nós, a partir do nosso interior.

Paulo diz na carta aos Coríntios: "Agora, folgo, não porque fostes contristados, mas porque fostes contristados para o arrependimento" (2 Co 7.9).

Eis aqui a beleza do evangelho em atividade – tristeza leva ao arrependimento. Tristeza que vem de devorar "a palavra de Deus [que] é viva e eficaz, e mais penetrante do que qualquer espada de dois gumes" (Hb 4.12). Tristeza que vem de um coração tocado pelo Espírito Santo, que habita no crente. É assim que a transformação autêntica acontece. Nada cosmético será eficaz. Nada superficial vai resultar em grande mudança. A tristeza leva uma pessoa a dar uma volta de 180° e tomar uma direção inteiramente nova.

Arrependimento

Arrependimento não é uma palavra que a gente usa todo dia; entretanto, é uma palavra importante. Arrependimento tem a ver com transformação de dentro para fora.

Uma transformação: lagarta >crisálida > borboleta metamorfose.

Mudança no coração.

A palavra grega para arrependimento é *metanoeo*, que significa, literalmente, "uma transformação de mente e de propósito de vida para a pessoa a quem é prometida a remissão do pecado".[6] Então, arrepender-se dos erros sobre os quais falamos neste livro significa não apenas evitar os comportamentos superficiais, que induzem aos erros, mas também os relacionados com atitudes do coração, que conduzem a novas condutas. Arrependimento se equipara a uma cirurgia cardíaca.

Quais são as características do coração arrependido?

- O coração arrependido sente uma tristeza piedosa e uma compreensão dos prejuízos de nossa conduta.
- O coração contrito compreende que o erro é contra Deus tanto quanto contra os outros. Nós entristecemos a Deus quando transgredimos seus padrões.
- O coração arrependido é humilde e reconhece que nós não somos melhores do que os outros e que somos tão inclinados a cometer erros quanto qualquer outra pessoa.
- O coração arrependido perdoa, compreendendo que nós também somos capazes de atos prejudiciais e precisamos de perdão.
- O coração arrependido assume completa responsabilidade por nossa parte no erro. Analisamos como os nossos atos ferem os outros.
- O coração arrependido está disposto a tomar qualquer providência necessária para remediar o erro. Procuraremos meios de estabelecer a paz no relacionamento destruído.
- O coração arrependido vai se resguardar no futuro, diminuindo o risco de cometer o mesmo erro novamente.
- O coração arrependido está disposto a se responsabilizar pela mudança corretiva. Nós mantemos nossas vidas como livros "abertos", para que outros possam examinar nossas vidas e atos.
- O coração arrependido é um coração reconciliador, disposto a estabelecer a paz novamente. Ficamos prontos para propor paz e reconciliação.

Depois de feita a cirurgia cardíaca, o perdão fica à disposição para todos. Empenhando-nos por uma vida de paz, nos damos conta de que vamos cometer erros. Mas, com confissão e arrependimento, como as Escrituras nos dizem, aqueles que anseiam pela pacificação de Cristo em seu coração não viverá em condenação (Rm 8.33,34).

Nove Erros Críticos

Conforme ilustrei neste livro, *erros* são diferentes de *erros críticos*. Todo casal comete pequenos deslizes, que não têm muito impacto na integridade do casamento. Mas nossa preocupação é com aqueles que causam estragos à verdadeira estrutura do relacionamento. A menos que você identifique e diminua esses erros, seu casamento estará descambando para sérios distúrbios.

Resumiremos novamente os erros que mostramos neste livro e ver o quanto a entrega para uma vida transformada pelo poder de Deus pode nos ajudar a resolver estes problemas.

- *Não aperte o detonador.* Quando frustrados, sempre dirigimos nossas discussões num movimento constante de acusação, onde todos perdem. O coração transformado não ficará frustrado tão facilmente, porque ele não está muito preso a resultados. O fruto de um coração transformado é um amor que não busca seu próprio interesse (1 Co 13.5).
- *Pare de fingir que não percebe.* Em vez de evitar as questões penosas no casamento, o coração transformado deseja falar francamente com os outros. Sustentados por uma estreita relação com Cristo, nós somos capazes de "falar a verdade em amor" e compreender que a verdade vai nos tornar livres. O salmista diz: "Não escondi a tua justiça dentro do meu coração; apregoei a tua fidelidade e a tua salvação; não escondi da grande congregação a tua benignidade e a tua verdade" (Sl 40.10).
- *Pare de falar grego.* Em vez de usar uma linguagem obscura, confusa, como um modo de evitar apontar as questões reais, o coração transformado deseja se empenhar numa conversa objetiva. Aprendemos a importância de pedir o que precisamos e expressar nossos sentimentos aberta e honestamente.
- *Pare de fazer o papel de Deus.* Impor-se, "fazer sermões", ditar regras ou dizer ao seu cônjuge como deve agir não resolve. De fato, criticar ou ter uma atitude paternalista com ele só cria ressentimento. O coração transformado é humilde. Sabedores de que somos pecadores, precisamos aceitar que não temos o direito de fazer "sermões" para os outros.

- *Pare de remoer o mesmo assunto.* Prolongar assuntos que já discutimos repetidamente cria hostilidade. O coração transformado se recusa a desenterrar ressentimentos ou aumentar o problema. Em vez disso, ele escolhe esquecer feridas antigas, permitindo-nos ver nosso cônjuge conforme Deus nos vê – com o olhar do amor.
- *Pare de viver nas trincheiras.* O coração transformado se liberta das correntes da rotina e da zona de conforto. Como resultado, vamos apoiar nosso cônjuge. Nós treinamos, procurando ver o melhor em nosso cônjuge, encorajando-o a ser o que ele quer. Compreendemos também a importância de dizer só o que é bom e proveitoso (Ef 4.29).
- *Pare de usar essa lingua indomada.* Palavras amargas, ferinas não têm espaço num relacionamento. O coração transformado compreende o impacto duradouro que as palavras ásperas têm sobre o casamento e sabe como impor limites nas trocas de "farpas".
- *Pare de viver com cercas de papel.* O coração transformado conhece a importância da individualidade no casamento e aprende a construir limites firmes e apropriados. Isso abrange uma definição clara do que toleraremos ou não.
- *Pare de ficar distante.* O coração transformado tem o desejo de nos permitir viver uma aproximação maior com nosso cônjuge. Estamos dispostos a descobrir meios de pôr em prática a bela arte da intimidade. Podemos dar um passo a frente e nos tornar vulneráveis.

O coração transformado conhece a verdade sobre as limitações quanto ao que podemos mudar com nosso próprio esforço. Precisamos de Deus para mudar nossos corações porque a transformação vinda de dentro para fora é a nossa mais autêntica e a mais duradoura fonte de transformação.

Amor Sacrificial

O amor requer uma certa dose de sacrifício. De fato, quanto maior o sacrifício, mais profundo é o amor. Em contraposição, quanto mais os desmandos, as atitudes possessivas e o ego manipulador estiverem envolvidos, mais complicada se torna a sua vida amorosa. Porém, quanto mais nos entregamos, a nossa pessoa verdadeira, mais experimentamos as alegrias do amor. Daphne Rose Kingma, autora de *The Future of Love* (O Futuro do Amor), debate a generosidade como um ingrediente necessário no amor sacrificial.

> Consiste em entregar-se sem nenhuma razão oculta, não esperando nada em troca. Sempre achamos que generosidade é uma conseqüência, pelo fato de a vida ou uma determinada pessoa ser generosa conosco, podemos agora ser generosos em troca. Uma vez que nosso próprio cálice esteja cheio a ponto de transbordar, podemos dar do excesso. Finalmente, porque temos tanto, imaginamos que doar não prejudicará. Mas a verdadeira generosidade é justamente a doação plena, em todo o tempo, como se fôssemos uma fonte, um rio, um oceano, como se não houvesse fim para o que temos de doar, como se não tivéssemos nada a ponderar a não ser doar-nos.[7]

Kingma prossegue descrevendo como a maioria dos relacionamentos funciona: você me dá alguma coisa, e então eu vou lhe dar também. Olho por olho, dente por dente. Você me perdoa, daí talvez eu o perdoe. Se você é grosseiro comigo, então serei grosseiro com você. Mas no novo paradigma, nos moldes do amor sacrificial, que quase todos nós conhecemos, mas tememos, "podemos ser generosos porque sabemos que não há necessidades insaciáveis e não há nada a proteger... Nós podemos dar não apenas nossos bens materiais, mas nossas palavras, nossos corpos, nossos discernimentos, nosso tempo, nosso dinheiro, nossa empatia, nossa atenção e nossa compaixão".[8]

Se esse conselho parece embaraçoso para você, junte-se à multidão. Muitas vezes, eu vivo num mundo do *olho por olho, dente por dente.* Eu certamente aspiro a coisas maiores, mas nunca consigo atingi-las. Confesso o meu dilema. Estou vivendo com uma visão natural de mundo, em vez de a visão do coração transformado. Acabo cedendo facilmente a essa visão de mundo que diz que devo vencer para alcançar mais, que devo ser o primeiro para não sair perdendo. Vou logo acreditando que preciso sempre me resguardar de ser ferido em vez de perder minha vida por amor aos outros. O universo de um coração transformado é um tanto arriscado.

O apóstolo Paulo é um excelente professor sobre o amor generoso. Em 2 Coríntios 9.6,7 Paulo nos instrui: "E digo isto: Que o que semeia pouco, pouco também ceifará; e o que semeia em abundância, em abundância ceifará. Cada um contribua segundo propôs no seu coração; não com tristeza, ou por necessidade; porque Deus ama ao que dá com alegria".

Embora essa passagem se refira a coisas materiais, ela certamente se aplica aos atos generosos de amor. Inúmeras cartas de Paulo estão repletas da idéia de que nós precisamos amar aos outros livremente e abundantemente – por causa do amor de Deus por nós.

John Piper, em seu livro *Desiring God* (Querendo Deus), diz: "O amor é o transbordamento de alegria em Deus, que de bom grado vai ao encontro das necessidades dos outros. Esse é o impulso para transbordar a fonte. Ela tem origem na graça de Deus, que superabunda generosamente, porque ela se deleita em preencher o vazio. O amor compartilha a natureza da graça, porque ela também se deleita em transbordar generosamente para ir ao encontro das necessidades dos outros".[9]

Piper desafia o cristão acomodado. O amor não é barato nem fácil. Nem deveria. Ele não depende de eu me sentir amável. Em vez disso, Piper nos diz: "O amor custa caro. Ele sempre envolve algum tipo de abnegação. Ele com freqüência exige sofrimento... A maior prova de amor que já aconteceu foi possível porque Jesus buscava o maior regozijo imaginável, a saber, a alegria de ser exaltado à mão direita de Deus na assembléia de um povo redimido."[10]

Tanto Jesus quanto Paulo nos diz a mesma coisa: Devemos amar sem reservas porque somos amados dessa forma. Devemos deixar as verdades do amor de Deus penetrar no fundo de nossos corações para que a graça que recebemos jorre de nós como uma fonte transbordante que não consegue evitar liberar mais e mais amor. Transformados, como a larva da borboleta, de dentro para fora, nos tornamos novas criaturas, que se regozijam em dar alegria aos outros.

Então, e quanto aos erros graves? Pode um coração transformado fazê-los acabar? Não. Sempre seremos humanos. Mas vamos cometer poucos erros e, quando os cometermos, vamos nos sentir desapontados e querer melhorar mais que depressa. Corações transformados, que têm as marcas da generosidade, humildade, serenidade e amor, governarão nossa vida e nosso casamento. Essas qualidades nos transformarão e também a nossos relacionamentos com os outros.

Atice o Fogo

Agora é hora de você pegar o que aprendeu deste livro e aplicá-lo em seu casamento e outros relacionamentos. Você pode precisar de todas as suas habilidades, tenacidade, força interior e – o mais importante – a chama outorgada pelo Espírito Santo.

Você não pode ser bem-sucedido sozinho. Por mais difícil que seja aceitar, você não pode ser bem-sucedido por sua própria força e habilidade, independentemente do seu nível de instrução ou dos anos de casamento ou de boas intenções. Não existem soluções rápidas. Você precisa de todos os recursos que este livro tem para oferecer, assim como o poder transformador de Jesus. Com isso, todas as coisas são possíveis.

E, mais do que qualquer coisa, primeiro precisamos do fogo da paixão e do fogo do Espírito Santo, a fim de nos colocar a caminho de transformação significativa. Então, enquanto você avança em seu casamento...

Atice o fogo!

Notas

Capítulo 1 – Aprendendo com nossos Erros

[1] Charles Manz, *The Power of Failure* (São Francisco: Berrett - Koehler Publishers, Inc., 2002), p. 78.

Capítulo 2 – Pare de Apertar o Detonador

[1] Harville Hendrix, *Getting the Love You Want* (Nova York: Owl Books, 2001).

[2] James Creighton, *How Loving Couples Fight* (Fairfield, CN: Aslan Publishing, 1990), p. 43.

[3] James Creighton, *Don't Go Away Mad* (Nova York: Doubleday, 1989), p. 143.

[4] Creighton, *How Loving Couples* Fight, p. 236.

Capítulo 3 – Pare de Fingir que não Percebe

[1] Sam Keen, *To Love and Be Loved* (Nova York: Bantam Books, 1997), p. 132.

[2] Sharon Wegscheider-Cruse, *Coupleship* (Deerfield Beach, FL: Health Communications, Inc., 1988), pp. 11,12.

[3] Harriet Lemer, *The Dance of Anger* (Nova York: HarperCollins, 1985), p. 97.

[4] Barbara Sher, *It's Only Too Late If You Don't Start Now* (Nova York: Dell Publishing, 1998), p. 131.

[5] Harriet Goldhor Lemer, *A Ciranda da Intimidade* (São Paulo: Best Seller, 1991), p. 126.

Capítulo 4 – Pare de Falar Grego

[1] Susan Heitler and Abigail Hirsch, *The Power of Two Workbook* (Oakland: Nova Harbinger Publications, 2003), p. 47.

[2] George Bach and Ronald Deutsch, *Stop! You're Driving Me Crazy* (Nova York: Berkeley Publishing Group, 1985).

[3] John Bradshaw, Bradshaw On: *The Family* (Deerfield Beach, FL: Health Communications, 1988), p. 171.

[4] Don Miguel Ruiz, *The Four Agreements* (San Rafael, CA: Amber-Allen Publishing, 1997), p. 26.

[5] Scott Peck, *The Road Less Traveled* (Nova York: Simon and Schuster, 1978), p.151-153.

[6] *Ibid.*, p. 71.

Capítulo 5 – Pare de Fazer o Papel de Deus

[1] John Gottman, *Sete Princípios para o Casamento Dar Certo* (Rio de Janeiro: Objetiva, 2000), p. 27.

[2] *Ibid.*, p. 29.

[3] Carmen Renee Berryand Tamara Traeder, *Girlfriends* (Berkeley, CA: Wildcat Canyon Press, 1995), p. 183.

[4] Harriet Goldhor Lemer, *A Ciranda da Intimidade* (São Paulo: Best Seller, 1991), p. 102.

[5] Stephanie Dowrick, *Forgiveness and Other Acts of Love* (Nova York: W.W. Norton & Company, 1997), p. 252.

[6] Scott Peck, *The Road Less Traveled* (Nova York: Simon and Schuster, 1978), pp. 160, 161.

[7] Kahlil Gibran, *The prophet* (Nova York: Alfred A. Knopf, 1955), pp. 15,16.

[8] Peck, p. 168.

[9] Anthony Storr, Solitude (Nova York: Ballantine Books, 1988), p. 62.

Capítulo 6 – Pare de Remoer o mesmo Assunto

[1] Robert Wicks, *Touching the Holy* (Notre Dame: Ave Maria Press, 1992), p. 130.

[2] David Augsburger, *Caring Enough to Forgive* (Ventura, CA: Regal Books, 1981), p. 51.

[3] Marshall Rosenberg, *Nonviolent Communication* (Encinitas, CA: PuddleDancer Press, 2003), p. 145.

[4] *lbid.,* p. 143.

[5] Augsburger, p. 52.

[6] Brennan Manning, *O Evangelho Maltrapilho* (Textus, 2005), p. 182.

Capítulo 7 – Pare de Viver nas Trincheiras

[1] Rosamund Stone Zander and Benjamin Zander, *The Art of Possibility* (Boston: Harvard Business School Press, 1994), pp. 31,32.

[2] *Ibid.,* p. 26.

[3] Les Parrott and Leslie Parrott, *Quando Coisas Ruins Acontecem a Bons Casamentos* (São Paulo: Vida, 2002), p. 79

[4] Gary Smalley and John Trent, *A Dádiva da Bênção na Família* (Campinas, SP: United Press, 1997), p. 24.

Capítulo 8 – Pare de Viver com Cercas de Papel

[1] David Hawkins, *When Pleasing Others Is Hurting You* (Eugene, OR: Harvest House Publishers, 2004), p. 20.

[2] Henry Cloud and John Townsend, *Boundaries* (Grand Rapids: Zondervan Publishing House, 1992), p. 150.

[3] Henry Cloud and John Townsend, *Boundaries in Marriage* (Grand Rapids: Zondervan Publishing House, 1999), p. 32.

[4] *Ibid.*

Capítulo 9 – Pare de Usar esta Língua Indomada

[1] Clifton Fadiman, ed., *The Little, Brown Book of Anecdotes* (Nova York: Little, Brown & Company, 1985), p. 362.

[2] John Gottman, *Sete Princípios para o Casamento Dar Certo* (Rio de Janeiro: Objetiva, 2000), p. 65.

[3] Les Parrott and Leslie Parrott, *Quando Coisas Ruins Acontecem a Bons Casamentos* (São Paulo: Vida, 2002), p. 161.

[4] Emmett Fox, The Sermon on the Mount (Nova York: Harper & Brother Publishers, 1934), p. 22.

Capítulo 10 – Pare de Viver Distante

[1] Janet Woititz, *Struggle for Intimacy* (Pompano Beach, FL: Health Communications, Inc., 1985), pp. 20,21.

[2] Jane Hansen, *Fashioned for Intimacy* (Nova York: Regal Books, 1997), pp. 52,53.

[3] *Ibid.,* p. 54.

[4] Harriet Goldhor Lemer, *A Ciranda da Intimidade* (São Paulo: Best Seller, 1991), p.54.

[5] Alexandra Stoddard, *Living in Love* (Nova York: William Morrow & Company, 1997), p. 228

[6] *Ibid.,* p. 229.

[7] Henri Nouwen, Lifesigns (Nova York: Doubleday, 1986), p. 44.

[8] Ibid., 46.

Capítulo 11 – Encontrando Força e Habilidade para Mudar

[1] Sue Monk Kidd, *Quando o Coração Amanhecer* (São Paulo: Gente, 2001), p. 19.

[2] Quoted by Robert Bly, *The Winged Life: The Poetic Voice of Henry David Thoreau* (São Francisco: Sierra Club Books, 1986), p. 58.

[3] Kidd, p. 102.

[4] Richard Bode, *Velejando com a Vida* (Rio de Janeiro, Sextante, 1999) p. 78.

[5] *Ibid.,* 79.

[6] *Easton's 1897 Bible Dictionary.* Accessed online at www.dictionary.com.

[7] Daphne Rose Kingma, *The Future of Love* (Nova York: Doubleday, 1998), p. 173.

[8] *Ibid.*

[9] John Piper, *Desiring God* (Sisters, OR: Multnomah Publishing, 1986), p. 123.

[10] Ibid., 132.